경력 1년 차부터 30년 차까지
미국 간호사(RN, NP) 10명의 리얼 성공스토리
미국 간호사로 살아남기

경력 1년 차부터 30년 차까지 미국 간호사(RN, NP) 10명의 리얼 성공스토리

미국 간호사로 살아남기

초판 1쇄 인쇄 2025년 7월 7일
초판 1쇄 발행 2025년 7월 21일

지은이 고세라 민수정 임영섭 엄혜경 홍예솔
유수정 조영식 변금희 김지성 태윤주

발행인 백유미 조영석

발행처 (주)라온아시아

주소 서울특별시 서초구 방배로 180 스파크플러스 3F

등록 2016년 7월 5일 제 2016-000141호

전화 070-7600-8230   **팩스** 070-4754-2473

값 23,000원
ISBN 979-11-6958-218-6 (13320)

※ 라온북은 (주)라온아시아의 퍼스널 브랜드입니다.
※ 이 책은 저작권법에 따라 보호받는 저작물이므로 무단전재 및 복제를 금합니다.
※ 잘못된 책은 구입하신 서점에서 바꾸어 드립니다.

라온북은 독자 여러분의 소중한 원고를 기다리고 있습니다. (raonbook@raonasia.co.kr)

미국 간호사로 살아남기

고세라 · 민수정 · 임맛집 · 엄혜경 · 홍애슬 · 유수정 · 변금희 · 김지성 · 조영식 · 태윤주

경력 1년 차부터 30년 차까지 미국 간호사(RN, NP) 10명의 리얼 성공스토리

- 주 3일 워라밸을 누리고 살아요!
- 미국 간호사이자 미국예비군이에요!
- 50세에 미국 간호사(RN)가 되었어요!
- 아이 4명도 키우는 워킹맘이에요!
- 연방정부 교도소 간호사예요!
- 평간호사를 넘어 매니저로서 은퇴 준비도 다 되었어요!

미국 간호사 준비부터
한국과 다른 미국 조직문화의 결정적인 차이,
영어의 한계를 뛰어넘는 생존 노하우와
미국인도 미처 알지 못하는 다양한 분야의 진로까지
10명 저자의 경험에서 우러난 생생한 조언과 비법을
한 권에 담았다!

RAON BOOK

RAON BOOK

프롤로그

간호사 별, 그리고 은하수

미국에 와서 간호사라는 이름으로 15년을 살아왔다. 그 시간은 그야말로 산전수전, 공중전까지 겪으며 매일을 버텨온 날들이었다. 힘들었고 지쳤지만 슬프다는 감정은 사치였고, 마음껏 토해내며 울 수도 없었다. 그저 매일 닥치는 대로 살아내야 하는 이민자의 삶이었다. 그렇게 죽을 것 같이 힘들어도 숨을 쉬고 있으니 살아날 구멍은 희미하게나마 열렸고, 그 길은 정확히 내가 노력한 만큼 넓어졌다. 미국에 사는 사람이라면 이 말에 깊이 공감할 것이다.

UCLA에서 박사 과정을 밟으며 나는 새롭게 깨달았다. 바로 '내가 미국을 몰라도 너무 몰랐구나' 하는 사실이었다. 한국에서 온 나는 나만의 방식대로 열심히 살았고, 책을 쓰고 클리닉을 열었지만, 그렇게만 살면 언젠가 한계가 오리라는 것을 직감했다. 미국은 이름으로 서로를 부르고, 관공서의 일 처리는 답답할 만큼 느리다. 눈에 보이는 많은 것이 한국과 다르다. 어찌 보면 한국이 더 첨단을 달리고 편리하지만, 이곳에는 눈에 보이지 않는 거대한 사회적 질서가 존재한다. 내가 보고 아는 어떤 면은 거대한 코끼리의 꼬리나 다리일 뿐이어서, 코끼리가 아니라고 생각할 수도 있다. 하지만 내가 보는 것과 상관없이 코끼리는 하나의 유기체로 온전히 존재한다는 사실. 즉, 내가 여기까지 올 수 있었던 것은 나만의 노력이 아니라 나를 지탱해 준 전체적인 사회 시스템이 있었기에 가능했다. 나의 간호사 여정 한 걸음 한 걸음은 보이는 것과 보이지 않는 모든 것과 함께였다. 이제는 내가, 누군가에게 그 사회 시스템이 되어주려 한다.

이와 같은 생각의 선상에서, 나는 현재 남가주한인간호사협회 회장으로 봉사하며 이 땅에 처음 간호사로 발을 디뎠던 선배들의 숭고한 헌신과 희망, 후배들을 향한 사랑의 역사를 마주하고 있다. 그분들이 바로 우리 미국 한인 간호사들의 뿌리이며, 이 뿌리가 없었다면 지금의 우리 역시 이 땅에 설 자리가 없다는 사실을 나는 안다. 나는 그 소중한 정신을 이어, 지금 이 순간 각자의 자리에서 고군분투하는 우리 간호사들과 함께 더 나은 미래로 나아가고 싶다. 하지만 지금 우리 미국 간호사들은 이민 사회의 모범이라 불릴 만큼 성실했지만, 그만큼 지쳐 있다. 일과 집. 그 너머를 돌아볼 여유 없이, 오직 눈앞의 일만을 해결하며 살아가는 모습이 안타까웠다. 그 모습이 마치 밤하늘의 별과 같았다. 밤하늘의 별은 크든 작든, 눈에 띄든 안 띄든 간에 그 자리에서 빛나고 있다. 단지 스스로는 그 빛을 보지 못하지만, 그 존재만으로도 어둠을 밝히고 누군가에게는 길잡이가 되어 준다.

이 책은 바로 그 마음에서 시작되었다. 우리 스스로가 얼마나 빛나는 존재인지 알아차리고 기록하며, 한국과 미국에서 간호사를 꿈꾸는 수많은 후배들에게 '준비된 여정'을 선물하자는 마음. 그 마음 하나로 열 명의 간호사가 의기투합했고 힘차게 시작했다. 하지만 원고를 주고받는 지난 몇 달은, 우리 모두에게 용기가 필요한 또 다른 도전이자 치유와 성장의 과정이었다. 처음에는 모두가 의기투합했지만, 이내 "다른 간호사에 비하면 저는 아무것도 아니에요", "미국에 온 지 얼마 안 돼서 쓸 내용이 없어요"라며 주저하는 목소리가 나오기 시작했다. 자신들이 각자의 위치에서 얼마나 빛나는 존재인지 스스로는 믿지 못했던 것이다. 나는 그들에게 시간이 필요하다는 것을 알았다. 재촉하는 대신, 그들이 스스로의 빛을 발견할 때까지 묵묵히 기다려주었다. 그러자 놀라운 변화가 일어났다. 한 저자는 이런 말을 전해왔다. "지금 가슴이 떨리고 눈물이 계속 나요. 이걸 왜 쓴다고 했을까 후회도 했는데, 제 인생의 한 페이지가 정말 풍성해지네요." 나는 또 다른 저자의 글을 읽고 눈물을 흘리며 이렇게 답했다. "선생님 인생의 처절함이 역설적으로 참 보석처럼 빛나고 아름답습니다. 사람 냄새가 나서 진짜 좋습니다."

나는 때로는 그들의 삶을 비추는 거울이자 멘토였고, 때로는 "원고 파일을 세 개로 나누어 보내달라"라고 요청하며 꼼꼼히 과정을 챙기는 매니저였다. 이 모든 과정은 열 명의 작가와 함께였기에 가능했다.

이제 이 책을 집어 든 당신에게, 이 열 개의 별빛을 건네려 한다. 우리는 당신이 어떤 두려움 앞에 서 있는지 안다. 누군가는 NCLEX 앞에서, 누군가는 영어 때문에, 가정형편 때문에, 육아 때문에, 또는 문화 충돌로 밤잠을 설칠 것이다. 하지만 이 책은 그 두려움에 대한 정답을 알려주는 지침서가 아니다. 이것은 당신과 똑같은 두려움 속에서 '진짜 간호사들이 어떻게 버텼는지, 어떻게 극복했는지, 어떻게 성장했는지' 그 솔직한 과정을 보여주는 거울이다. 우리는 당신이 이 이야기들을 거울삼아 그 막막한 두려움을 극복하고, 마침내 당신 역시 이미 아름답게 빛나고 있는 하나의 별이라는 사실을 깨닫게 되기를 바란다. 별은 밤에만 잠시 빛나는 것이 아니라, 언제나 그 자리에서 스스로 빛나고 있다. 다만, 짙은 어둠이 와야 그 존재를 우리가 비로소 발견할 뿐이다. 아직은 환한 대낮이라 당신의 빛이 보이지 않을 수도 있다. 우리는 당신의 밤이 오기를, 당신의 시간이 오기를 함께 기다리려 한다. 그리하여 한국에서, 또 미국에서 살아가는 우리 간호사들의 삶이 아주 조금이라도 더 행복해지기를 진심으로 소망한다.

당신은 이미, 당신의 자리에서 세상을 밝히고 있다. 우리 모두가 함께 빛날 때, 우리의 빛은 마침내 간호사 은하수가 될 것이다.

차 례

- 프롤로그 간호사 별, 그리고 은하수   4

1부 미국 간호사, 핵심 마인드

1장 미국인이 되세요 / 고세라

나의 시작은 미약했다   16
미국은 레퍼런스 사회다   24
가만히 있으면 중간도 못 가는 미국 사회   33
지나친 겸손은 '무능, 거절'이다   42
질문엔 '설명'이 아니라 '답'을 먼저 하라   49

2장 이것만 알아도 미국 간호사 직장 생활 반은 성공 / 크리스탈 민(민수정)

"빨리 빨리" NO! NO!   59
나이보다 조직 내 직급이 먼저!   73
한국식 '눈치껏'은 때론 통하지 않는다   82

2부 성공을 낳은 도전 정신

3장 난, 미국간호사이며 미국 예비군입니다 /임영섭

미국 면허로 간호 인생 2회 차   94
두 개의 유니폼, 두 개의 삶   100
한국 간호사의 성실함은 국경을 넘는다   105
나를 지키면서, 환자를 지킨다   110

4장 50세에 미국간호사(RN)로 20년 전 꿈을 이루다 /엄혜경

쉰 살에 20여 년 전 상상했던 나를 만나다   118
내가 알던 모든 이들이 반대하던 길을 가다   125
미국 간호사, 이렇게 힘든 걸 해냈는데 굳이 왜 또 학교로 돌아갔나   132

3부 미국의 별이 된 간호사, 바로 당신

5장 결혼과 아이 넷, 그리고 미국간호사의 삶
/홍예솔

결혼, 아이 4명 육아와 함께하는 미국 NP의 삶 … 142
신생아 중환자실 RN에서 네 아이 엄마, 그리고 PMHNP까지 … 149
간호사의 꿈, 엄마의 꿈 … 155

6장 저는 연방정부 교도소 간호사입니다
/유수정

조그만 게 겁대가리가 없다. 그래서 나는 한국인 … 162
영어는 실전이지 실력이 아니다 … 168
나는 어떻게 연방정부 간호사가 되었나 … 174

7장 ESL 유학생에서 대학교수, 국방부 Medical Officer까지 / 조영식

생존을 위해 택한 길 : ESL 유학생에서 미국 간호사까지　　184
간절함이 길을 만든다. 간호사에서 가정전문간호사(FNP)까지　　190
20년 전의 꿈 마침내 현실이 되다 : 박사, 교수 그리고 Medical Officer까지　197

 8장 20년을 달려서 정신과 NP와 텔레헬스까지 / 변금희

행동하는 것만이 내 인생이 되더라　　206
다름을 인정해야 내가 산다　　211
나는 좋은 사람들과 함께 간다　　217

| 9장 | 워라밸이 뭔지 알려줄까? 미국간호사가 되어봐! / 김지성 |

아프가니스탄 참전 미군의 트라우마, 간호사가 되어 치유하다   226

나의 행복한 병동생활   233

인생에 정답은 없어. 행복하면 되는 거지   240

| 10장 | New Goal. 간호사를 넘어 매니저가 돼라!! / 태윤주 |

영어, 영어, 그리고 또 영어   251

왜 매니저가 되고 싶었나? 다시 시작된 영어 지옥   258

워라밸과 조기 은퇴를 준비하며   264

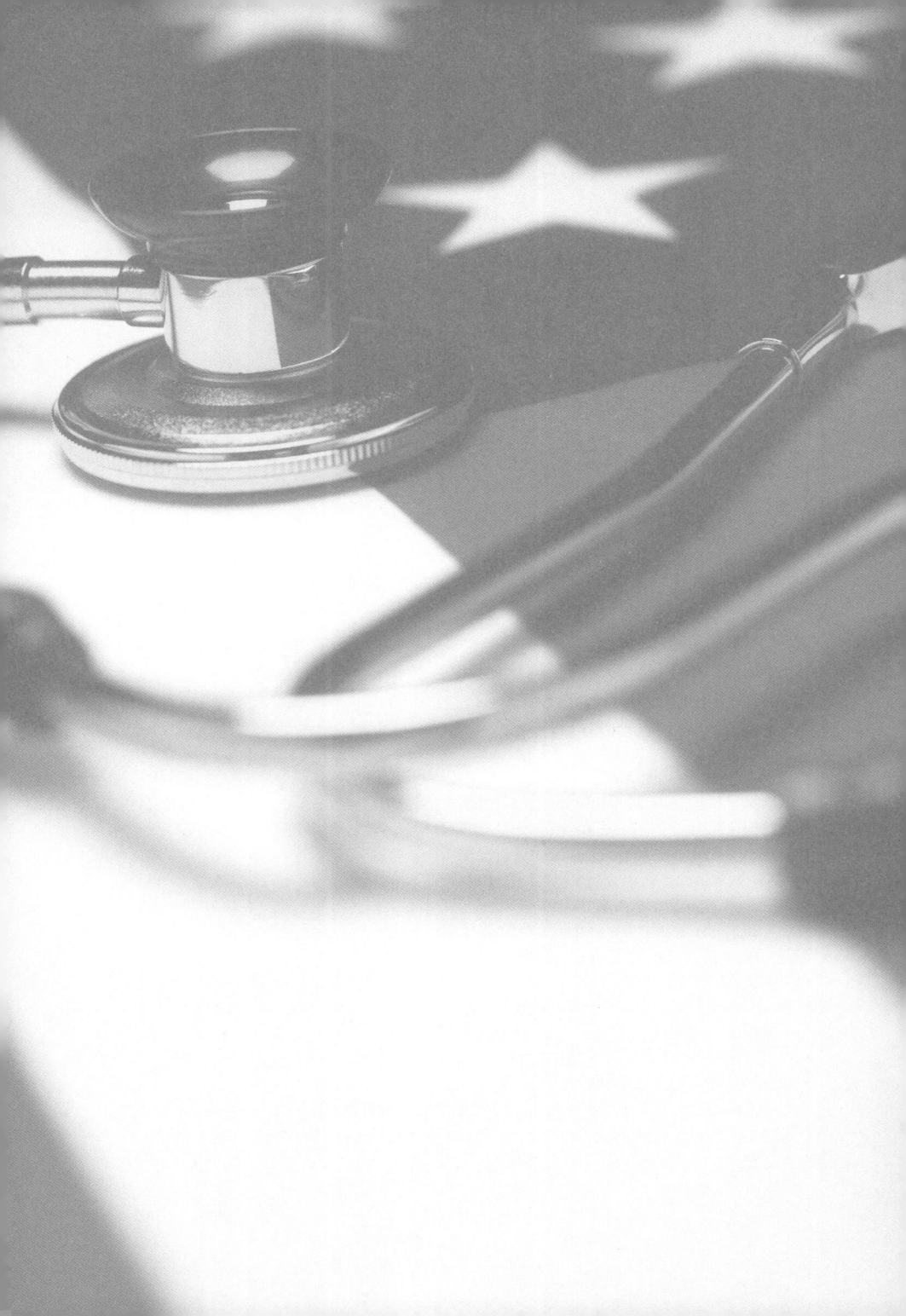

1부.
미국 간호사, 핵심 마인드

고세라

DNP, APRN, PMHNP-BC
간호실무학 박사, 정신건강전문간호사
Email : hko.pmhnp@gmail.com
SNS Instagram : go_sarah_ko

- 2024년 University of California, Los Angeles (UCLA) 간호실무학 박사(DNP)
- 2019년 Together Mental Health Clinic 설립 (한인 간호사 최초 개원) 및 현재 운영 및 진료 중
- 2016년 Azusa Pacific University 간호학 석사 졸업 및 PMHNP 자격 취득
- 2013년 Azusa Pacific University 간호학 학사 졸업
- 현 Glendale Adventist Hospital PMHNP로 병원 내진 진료
- 현 Street Medicine PMHNP로 홈리스 방문치료
- 현 Clinical Faculty for Uzedy (제약회사 Teva Los Angeles 지역 담당)
- 현 자살 예방 교육 전문가 및 치매·죽음 준비 교육 전문가
- 현 PMHNP 대상 임상 프리셉터십 교육 및 임상 지도 (약 200여 명의 PMHNP 양성)
- 현 Brown University Mindfulness Based Stress Reduction and Mindfulness Based Cognitive Therapy Teacher level 1로 명상 지도 중
- 현 남가주한인간호사협회 28대 회장(27대 회장 역임)
- 현 재외한인간호사회 이사
- 현 Education for Korean American Youth에서 어린이 명상 캠프 프로그램 디렉터
- 2024년 《How To Become A Nurse Practitioner in the US》 저술
- 2023년 《미국전문간호사 완전정복》 저술

나의 시작은 미약했다

나는 현재 로스앤젤레스에서 정신과전문간호사(Psychiatric Mental Health Nurse Practitioner, 이하 정신과 NP)로 일하며 투게더멘탈헬스클리닉을 운영하고 있다. 글렌데일 어드벤티스트 병원에 회진하며 진료하고 홈리스 방문 간호 프로그램을 통해 환자를 돌보고 있다. 또한, 남가주한인간호사협회 회장을 연임하며, 2024년에는 UCLA에서 간호실무학 박사 학위를 받았다. 지금은 여러 직함을 가졌지만, 나의 시작은 지극히 미약했다. 이 고된 여정의 기록이 누군가에게는 작은 희망의 증거가 되기를 바라며 나의 이야기를 시작한다.

20대의 방황, 그리고 도망치듯 떠나온 미국

97학번으로 대학에 입학했지만, IMF 외환위기로 등록금을 감당할 수 없어 자퇴하고 고졸 사원으로 사회생활을 시작했다. 서울에서 마주한 대학생 친구들의 모습은 부러움 그 자체였고, 고졸이라는 현실이 부끄러워 "숙명여대에 다닌다"라는 거짓말을 하기도 했다. 서울에서 반지하방, 옥탑방에서 살기도 했지만 주로 고시원을 옮겨 가며 살았다.

2002년, 외국계 기업인 코스트코 인사과로 이직했지만 기쁨은 잠시였다. 사소한 오해로 시작된 상사들의 의심과 압박은 결국 나를 양재점 현장 부서로 내몰았다. 새벽 4시에 출근해 식당용 케첩 깡통 박스를 쌓는 고된 일을 6개월간 버텼지만, 허리 통증과 함께 마음의 상처도 깊어 졌다. 그때 "너는 어딜 가도 잘할 텐데, 왜 굳이 여기서 이러고 있냐?"는 양재점장의 한마디에 등을 떠밀리듯 회사를 나왔다. 그 억울함에 밤잠을 설치다, 무작정 관광 비자 하나를 들고 미국행 비행기에 올랐다. '한국보다 낫겠지'라는 막연한 희망 하나만 붙잡고서….

절실한 기도와 새로운 기회

미국 로스앤젤레스에서의 첫 삶은 어학연수와 저녁 파트타임을 병행하는 고된 시간이었다. 매일 밤 "돈 걱정 없이 공부만 하게 해 주세요"라고 절실히 기도했다. 그 기도가 닿았는지, 미국에 온 지 1년 만에 지금의 남편을 만나 결혼했고, 그의 든든한 지지 덕분에 꿈에 그리던 공부를 시작할 수 있었다. 남편의 사업을 따라 우리는 로스앤젤레스에서 차로 5시간 떨어진 킹시티(King City)라는 시골로 이사했다. 한국인이 열 가구 남짓한 낯선 곳이었지만, 나는 그곳에서 1시간 거리인 살리나스(Salinas)의 하트넬 칼리지(Hartnell

College)까지 통학하며 간호학과 선수과목을 들었고, 2008년에 마침내 간호학과에 입학했다. 영어로 하는 간호공부를 따라잡기 위해 매일 강의를 녹음해 여러 번씩 돌려 들으며 안간힘을 썼다. 또한, 나는 학교와 온라인을 샅샅이 뒤져 500불에서 2,000불에 이르는 저소득층 장학금을 찾아냈고, 심지어 한국에서 부었던 국민연금까지 해지해 학비에 보탰다.

벽에 부딪히고, 벽을 넘어서

나는 2010년에 2년제 대학을 졸업하고 간호사가 되었다. 하지만 나는 더 큰 병원에서 일하고 싶다는 목표를 세웠다. 당시 대학병원들은 4년제 학사 학위를 채용 기준으로 명시하고 있었기 때문에, 나는 RN to BSN 과정에 편입해 공부를 시작했다. 나는 학교에 다니면서도 패서디나 헌팅턴 병원에서 자원봉사를 했다. 그러던 중, 나는 야간 근무 간호사가 필요하다는 매니저의 이야기를 들었다. 나는 그녀에게 다가가 "2013년 5월 3일에 졸업하는데, 미리 지원할 수 있나요?"라고 물었다. 그녀는 "왜 진작 말하지 않았어요!"라며 당장 지원서를 쓰라고 했고, 나는 졸업 3일 후인 5월 6일에 그 병원으로 취직했다.

의욕이 넘쳤던 시기, 나는 병원에 오래 계셨던 한 환자의 생일을 축하하기 위해 케이크를 사서 동료, 환자들과 나눠 먹었다. 하지만 나는 그 일로 시말서를 써야 했다. 환자마다 다른 기저질환과 식이요법, 외부 음식으로 인한 병원의 책임 문제, 그리고 정신과 환자들의 예측 불가능한 반응까지. 그것은 내가 몰랐던 미국의 의료 문화라는 단단한 벽에 부딪힌 첫 경험이었다.

2015년 3월, 꿈에 그리던 UCLA 레즈닉 신경정신과 병원으로 여러 번 도전 후에 이직했다. 나는 노인정신과 병동에서 일하며 정신질환과 치매로 인해 배변·배뇨 사고가 잦은 환자들을 돌봤다. 때로는 냄새가 역겨울 때도 있었지만, 나는 그것을 '황금'이라 생각하고 항상 웃는 얼굴로 기꺼이 그들을 돌봤고 동료의 일까지 도왔다. 그때 동료들은 나를 '선샤인(Sunshine)'이라 불렀다. 퇴사한 지금도 나는 그들과 소중한 인연을 이어오고 있다.

간호사로 일하면서 인정을 받으며 자신감도 커졌지만 동시에 더 직접적으로 진단하고 치료하고 싶다는 전문성에 대한 갈증이 생겼다. 친구 소니아의 적극적인 권유로 정신과 NP 과정에 지원하기로 마음먹었고 2013년 간호학사 학위를 받은 그해 8월에 NP과정이 포함된 석사과정을 지원했다. 남편은 "애가 둘인데 무슨 석사까지 하냐"며 처음에는 반대했지만, 더 높이 날고 싶었던 나의 열망을 꺾지는 못했다. 그때부터 나의 삶은 쉴 틈 없는 전쟁터가 되었다. 나는 풀타임 간호사와 석사 과정을 병행하는 학생이었고, 두 아이의 엄마이자 아내였다. 내가 야간 근무를 마치고 아침에 집에 돌아와 잠시 눈을 붙이면, 남편은 둘째를 돌보미에게, 첫째는 어린이집에 차례로 데려다주었다. 나는 오후 2시나 3시에 일어나 숙제나 공부를 했고, 그 후 아이들을 픽업해서 챙기고 저녁을 먹고 재웠다. 아이들이 9시 전에 잠이 들면 밤 11시 출근 전까지 공부하고, 다시 병원으로 향하는 팍팍한 일상을 반복했다. 우리는 아이 돌보는 할머니 댁과 가까워지려 아예 그 아파트로 이사까지 했다. 나는 시험 기간이면 차에서 쪽잠을 자며 공부했고, 30장짜리 보고서를 쓸 때는 일주일 휴가를 내어 도서관으로 출퇴근하며 교수님게 한 장 한 장 피드백을 받아 글을 완성했다. 나는 공부하는 시간을 최대한 확보하기 위해 설렁탕, 김치찌개 같은 음식을 사다 먹고 일회용 그릇을 썼다. 한 달에 두 번 받는 월급 중 한 번은 고스란히 육아 비용으로 나갔다. 이 필사적인 몸부림의 시기를 나는 남편의 든든한 지지와 도움 덕분에 버틸 수 있었다. 그리고 마침내 2016년, 나는 정신과 NP가 되었다.

나의 길을 만들다

나는 한 병원이 아닌 로스앤젤레스의 여러 병원에서 일한 경험이 있었고, 덕분에 정신과 NP 라이선스를 받은 바로 다음 날 닥터 G에게 함께 일하자는 제안을 받았다. 나는 독립계약자, 즉 프리랜서로 닥터 G와 함께 정신병원과 양로병원을 회진하는 NP가 되었다. 2016년 당시, 로스앤젤레스 카운티에서 의사처럼 정신병원을 오가며 회진하는 한국인 정신과 NP는 내가 처음이었다. 더 정확히 말하면, 이런 형태로 일하는 정신과 NP는 10명도 채 되지 않았고, 10년 가까이 지난 지금도 그 숫자는 10명에서 30명 정도로 매우 드물다.

나의 또 다른 특이한 직업은 홈리스 방문 정신과 NP이다. 나는 코로나 전에는 그들이 있는 텐트나 길거리로 직접 찾아가 환자를 진료하고 약을 처방했다. 코로나 이후에는 정부 지원으로 그들이 모텔이나 저소득층 아파트로 거처를 옮겼고, 나는 그곳으로 한 달에 한 번씩 방문하고 있다.

나는 정신과 진료 현장에서, 많은 한인들이 정신질환에 대한 편견 때문에 제때 치료받지 못하는 현실을 목격했다. 특히 미묘한 감정까지 소통해야 하는 정신과 진료에서 완벽한 한국어는 필수적이었다. 하지만 30만 한인 사회에 그런 서비스를 제공하는 곳은 다섯 군데도 되지 않았다. 나는 이 문제를 외면할 수 없었고, 사명감을 가지고 2019년 1월 3일 로스앤젤레스 한인타운에 직접 투게더멘탈헬스클리닉을 설립했다. 물론 정신과 NP는 단독으로 클리닉을 열 수 없었기에, 수퍼바이저 의사 선생님의 도움이 필수적이었다. 그렇게 우리 클리닉은 한인 정신과 NP가 설립한 최초의 정신과클리닉이라는 의미 있는 기록을 갖게 되었다. 클리닉의 이름은 '투게더(Together)'라고 지었다. 이름처럼, 환자와 동료들이 '함께' 행복을 찾아가는 공간을 만들고 싶었다. 또한, 그 이름에는 지금은 돌아가신 우리 아버지가 퇴근길에 사 오시던 투게더 아이스크림을 온 가족이 나눠 먹던 행복한 나의 기억도 담겨 있다. 정신과 NP에 대한 더 자세한 이야기는 나의 첫 번째 책《미국 전문간호사 완전정복》에 적어두었기에 여기서는 이만 줄인다.

또 다른 도전!

이쯤 되면 뭘 또 공부를 하냐고 질문할지 모르겠지만, 정신과 환자들을 진료하는 나에게는 새로운 지식을 끊임없이 배우고 연마해서 더 좋은 치료를 제공해야 할 의무가 있다. 임상을 잘하는 NP라고 해도, '어떻게 더 발전할 수 있는가'에 대한 근본적인 질문이 필요했고, 그것은 임상과 연구가 바늘과 실처럼 함께 나아가야 한다는 깨달음이었다. 깊은 고민 끝에, 나는 UCLA 임상실무학 박사(Doctor of Nursing Practice, DNP) 과정에 들어가게 되었다.

이 과정은 나에게 또 다른 세상을 선보였다. 나는 과정 내내 혼자인 것 같았고, 미운 오리 새끼가 된 기분이었다. 엄청난 양의 페이퍼와 프레젠테이션을 계속해나가면서 '왜 사서 이 고생을 하나' 싶은 날도 많았다. 특히 함께 공부했던 동료들은 로스앤젤레스의 큰 병원, UCLA나 시더스 사이나이(Cedars-Sinai) 병원 등지에서 일하는 리더 직군이 많았기에, 나는 절로 작아지고 소심해졌다. 게다가 연구 관련 수업은 왜 그렇게 알아듣기 힘든 것인지. 과정 초기에는 교수, 동료, 공부 내용까지 온갖 것에 불평을 쏟아내기도 했다. 그때 나의 친구 금희는 "너는 천천히 끓는 가마솥 같은 사람이야. 그냥 해~, 괜찮아~"라며 나를 몇 번이고 다잡아주었다.

박사 과정을 하는 동안 했던 마음고생은 이루 말할 수 없다. 그렇지만 나는 이 시간을 보내며 미국 의료현장에서 겪었던 어려움들을 깊이 이해하게 되었을 뿐만 아니라, 비로소 미국의 간호와 의료 시스템 전체의 흐름을 보게 되었다. 2024년, 나는 당당히 UCLA에서 박사를 마쳤다. 그것은 나 자신뿐만 아니라 우리 가족의 새로운 역사를 쓰는 것이었다.

우리의 이야기는 계속된다

나는 20대에 충분히 방황한 끝에 새 무대를 찾아 미국으로 왔다. 지난 15년간 한국인 간호사, 정신과 NP로 좌충우돌하며 일하고, 공부하고, 가정을 꾸렸다. 그 수많은 경험 속에서도 미국 '문화의 벽'에 부딪히는 순간들은 힘겨운 시간이었다. 나는 자주 말을 적절히 하지 못해서, 적절한 시기에 꺼내지 못해서, 또는 아예 말을 하지 않아서 오해를 받았다. 그것이 단순히 영어 실력의 문제가 아니라 사고방식과 표현 방식의 차이, 즉 문화의 차이임을 깨닫는

데는 오랜 시간이 걸렸다.

　다음 장부터는 내가 온몸으로 겪어낸 그 문화적 전환의 실제 경험을 나누려 한다. 이 이야기가 나와 같은 길을 걷는 누군가에게 작은 등대가 되기를 바란다.

미국은 레퍼런스 사회다

미국의 병원이나 다른 여러 직장에 취직하기 위해 또는 대학교 이상의 학교에 입학하기 위해 작성하는 모든 지원서에는 추천인(Reference, 이하 레퍼런스)를 쓰는 부분이 있다. 추천인은 지원자의 업무 능력과 인성을 가장 잘 아는 사람으로, 보통 이전 직장 상사, 단체장, 교수, 및 동료 등등이다. 추천서(Letter of Recommendation)는 추천인이 지원자의 장점, 성취, 잠재력, 미담 등을 구체적으로 직접 작성해주는 글이다. 레퍼런스는 추천인이 공식적으로 지원자의 역량을 확인해주고 추천서를 작성하는 것까지 포함된 의미이다. 한국 간호사가 미국의 의료현장에서 성장하고 성공하기 위해서 미국의 레퍼런스 제도 또는 문화를 잘 알고 활용해야 한다. 여기에서는 한국의 백(빽)과 미국의 레퍼런스는 어떻게 다른지, 레퍼런스는 왜 중요한지 그리고 어떻게 만드는 것인지에 대해 말하려고 한다.

한국의 백(빽) 문화와 미국의 레퍼런스 문화

우리는 흔히 '저 사람 OO의 백으로 취직했다'는 이야기를 종종 하기도 하고 은근히 듣기도 한다. 또는 조건이나 직무능력이 되지 않은데도 어떤 사람이 취직이 되었거나 승진이 되었다면 우리는 저 사람 백이 좋을지도 모른다는 막연한 생각을 가질 수 있다. 이러한 현상은 '뒤에서 누가 힘을 썼다'는 의미로 인맥 (부모 찬스, 친척 찬스, 아는 사람 찬스), 학연, 및 지연에 기반해서 자리를 만들어 줬다 또는 특혜를 받는다는 것을 의미한다. 이것은 투명한 채용과 선발과는 거리가 멀다.

반면에 미국의 레퍼런스는 공식적이고 투명한 검증의 절차이다. 채용공고나 입학 요강에 보통 3인 이상의 추천인 연락처를 제출하라고 명시한다. 지원자도 추천인을 아무나 적는 것이 아니라 지원자가 어디에 지원서를 낼 것인지 미리 알려주고 추천인의 허락과 동의를 받은 후 추천인을 기재한다. 추천인은 "나는 이전의 직장의 상사였고 OO년을 같이 일했다"로 소개를 시작해서 지원자를 왜 뽑아야 하는지, 어떤 강점이 있는지, 어떤 환경에서 일했는지를 사실적으로 추천서를 작성한다. 채용, 승진, 입학의 최종 단계에서 채용 담당자나 입학사정관이 직접 전화나 이메일로 확인하는 절차가 있다. 이 절차가 지연되어 채용이 지연될 수도 있고 (예를 들면, 추천인이 전화를 받지 않는다거나 이메일 답변이 늦어질 경우), 정부기관은 채용이 되어서도 계속해서 확인 절차를 거치는 수습 기간도 있다. 따라서 지원자가 허위 내용을 쓰거나 추천인이 알고도 모르는 허위 정보를 적거나 말하면 금방 탄로나고 추천인 신뢰가 떨어지기 때문에 사실 상상도 할 수 없는 일이다.

레퍼런스가 중요해. 왜?

자 이제 미국의 레퍼런스 제도가 왜 중요한지 알아보자. 한국인으로 또는 한국 정신과 NP로 레퍼런스 문화를 이해하는 데 꽤나 오랜 시간이 걸렸다. 나는 처음에 '열심히 일하면 되지'라고 정말 간단하게 생각했지만 레퍼런스가 때로는 이력서보다 더 중요하게 작용하는 것을 몇 번의 경험으로 알게 되었다. 레퍼런스는 '누가 공식적으로 당신의 능력 (업무, 학업 등)을 증언해줄 수 있고 추천하는가'라는 것인데, '누가! 공식적! 증언! 그리고 추천!'이라는 이 각각의 단어가 다 중요하다. 그래서 나는 이 레퍼런스 문화를 나 나름대로 이해를 했다. 첫 느낌은 미국도 '누구를 아느냐'가 중요하구나라는 것과 또 그것이 전부는 아니라는 것을 알게 되었다. 몇 가지 우리가 알고 있는 미국이라는 나라의 특성을 알면 쉽게 이해할 수 있다.

첫째, 미국은 땅이 넓고 이민자의 나라다. 둘째, 고소 고발이 심심찮게 일어나기 일쑤이다. 셋째, 채용, 선발 제도는 공정하고 공평하다. 그래서 추천인은 누군가 믿을 만한 증언을 할 사람으로, 지원하기 전에 같이 일했던 상사, 동료, 교수 등등이다. 그럼 무엇을 추천하는가? 지원자가 이력서에 쓴 만큼의 직무 수행 능력이 되는지, 이력서에 들어가진 않지만 꼭 필요한 직무 성과, 리더십, 협동심, 열정, 태도, 자세를 증언하면서 추천한다. 이는 '이 지원자가 전 직장에서 문제를 일으키지 않았고 앞으로도 그럴 가능성은 낮다'와 같은 암묵적인 정보를 주는데, 이는 여러 법적 분쟁이 많은 미국에서 보증의 역할도 한다고 할 수 있다. 마지막으로 이러한 과정은 모두 공개적이고 공식적인 절차이므로 지원자를 공정하게 선발하고 이전 과정에 신뢰가 생긴다.

그럼 채용 담당자의 입장에서만 생각해 보기로 한다. 이력서와 자기소개서만으로는 즉 동일한 스펙으로는 지원자의 실제 업무 수행 능력, 협업 자세 및 태도, 성품 등등 여러 가지를 100% 알기 어렵다. 이때 지원자의 추천인과 추천서를 통해 지원자가 실제 현장에서 어떻게 일했고, 다른 사람과의 관계가 어떠했는지 알 수 있다. 예를 들면 새로운 응급실을 만들어서 인력 충원이 필요하다면 지원자가 얼마나 진취적이고 솔선수범할 수는 리더로 일할 수 있는지에 초점을 맞추고, 어떤 부서에 팀워크가 전혀 안 되는 직원을 혼자서도 일할 수 있는 부서로 옮기고 난 후 결원이 생겼다면 팀워크를 조금 더 중점적으로 볼 수도 있다. 같은 스펙이라도 맥락에 따라 채용과 선발이 이루어지는 이때 추천서에 "이 사람은 다른 동료들과 협력하는 팀워크가 우수하다"로 적혀 있다면 결원이 생겨 인원 보충을 위한 채용에 도움이 될 것이다.

레퍼런스는 미리 준비하자

한국 간호사가 미국에서 새 직장을 구하거나 학교에 진학하거나, 장학금을 신청할 때 가장 먼저 요구되는 것이 '추천서'다. 적절한 시점에 미리 추천인 후보를 확보해두지 않으면, 급하게 부탁했을 때 '함께 일한 경험이 충분치 않다'라는 이유로 거절당할 수 있다. 3년 전, 내 지인은 가정과전문간호사(Family Nurse Practitioner)를 졸업하고 1년 정도의 경험을 쌓고 응급의료센터로 이직을 하기 위해 이력서를 쓰고 있었다. 그녀는 FNP를 오랫동안 한 그녀의 선배에게 레퍼런스를 부탁했는데 거절당했다. 그 친구는 거절을 당하고 나서 나에게 전화를 해서 그 선배가 어떻게 그럴 수 있냐며 한창 성토하였고 섭섭해했던 기억이 있다. 추천서 부탁 거절은 친분과는 상관없이 '내가 너를 공식적으로 보증할 만큼 충분히 일을 같이 해보지 않았다'는 뜻을 담고 있기 때문에 특별히 속상해하거나 섭섭해할 일도 아니다. 미국에서는 어찌 보면 당연한 일이다.

구체적인 레퍼런스 준비 방법

이제 실제로 레퍼런스를 어떻게 준비할지 구체적으로 살펴보자.

1. 활동 이력을 정리하고, 각 분야에서 추천인을 찾기

이력서(CV)에 기재하는 항목—학력, 경력, 연구 활동, 전문협회 활동, 봉사 활동, 교육 활동 등—에 대해 자신이 참여한 경험을 떠올려 보자. 각각의 항목마다 아래에 해당하는 추천인이 있는지 검토하고, 연락처와 함께 간단한 상황 설명(언제, 어떤 활동을 함께했는지)을 메모해 두면 좋다.

1) 학교 지원 시
  ⓐ 학과 프로젝트나 수업을 지도한 교수님
  ⓑ 연구실에서 함께 연구했던 동료나 선배
  ⓒ 학교 내에서 활동(학생회, 동아리 등)에 참여하며 관계를 맺은 멘토

2) 직장 경력
  ⓐ 이전 직장에서 업무 성과를 지켜본 상사
  ⓑ 함께 팀 프로젝트를 수행했던 팀장 혹은 협업 파트너

ⓒ 병원이나 기관에서 임상행정 업무를 같이한 동료

3) 전문협회 활동
ⓐ 세미나, 워크숍, 심포지엄 등에서 함께 기여했던 임원이나 위원
ⓑ 협회 행사 기획운영을 도운 회원
ⓒ 학술 발표나 포스터를 함께 준비했던 동료 연구자

4) 봉사 활동
ⓐ 봉사 단체에서 담당 코디네이터나 단체장
ⓑ 지역 커뮤니티 센터, 복지관 등에서 함께 프로그램을 진행한 자원봉사 담당자

5) 교육 및 강의 활동
ⓐ 강의 기획운영을 함께한 기관 담당자
ⓑ 강의를 수강하고 피드백을 준 수강생 대표나 멘토
ⓒ 교육 프로그램을 공동 기획했던 동료 교육 강사

이렇게 각 영역별로 "내가 어떤 역할을 했고, 어떤 결과를 냈는지"를 기록해두면 추천인에게 요청할 때 구체적인 맥락을 전달할 수 있다.

2. 미국에서의 네트워크 구축과 꾸준한 사회 참여

이민자로서 미국에 정착하면 '집-직장-종교 모임' 사이에서만 생활하게 되기 쉽다. 그러나 커리어를 발전시키려면 다음과 같은 활동을

통해 경력 이력을 풍부하게 만들어야 한다.

1) 전문 학회 가입 및 정기 참여
ⓐ 학술대회, 워크숍, 온라인 세미나 등에 꾸준히 참석하거나, 포스터구두 발표를 준비해보자.
ⓑ 발표 자료포스터 초록, 피드백 등을 보관해두면 추천서 작성 시 근거 자료로 활용할 수 있다.

2) 사회봉사 활동
ⓐ 복지관, 노인 요양원, 무료 클리닉 등에서 간호·정신건강 서비스를 담당하거나, 운영 보조 역할을 맡아보자.
ⓑ 한 번 참여하는 것보다 정기적으로 일정 시간을 투입하며 지속성을 보여주는 것이 중요하다.
ⓒ 봉사 활동을 통해 쌓인 실무 경험과 태도는 비슷한 분야 전문가에게 추천인을 부탁할 때 강력한 근거가 된다.

3) 연구 참여 및 학술활동
ⓐ 교수님 연구실, 병원 임상연구 프로젝트, 또는 대학원 세미나에 연구 보조원으로 참여해보자.
ⓑ 공동 저자로 논문을 제출하거나, 학회지에 논문을 게재하는 경험은 학문적 역량을 증명하는 중요한 이력이다.

4) 공공 강의 및 교육 프로그램 기획
ⓐ 지역 커뮤니티 센터, 온라인 플랫폼, 병원클리닉에서 건강 강

의나 워크숍을 진행해보자.

ⓑ 강의 준비 자료, 수강생 피드백, 녹취 혹은 사진 등을 남겨두면 강의 능력을 증명하는 자료가 된다.

이처럼 단발성이 아닌 '지속적인 참여'가 핵심이다. 시간이 없이 바쁘다는 이유, 육아의 이유, 학업이나 업무가 많다는 이유로 포기하지 말고, 주기적으로 시간을 내서 뜻깊은 활동을 이어가 보자. 이를 통해 자연스럽게 새로운 네트워크가 형성되고, "이 사람은 어떤 상황에서 어떻게 일했는가"를 잘 아는 추천인을 확보할 수 있다.

레퍼런스 요청 시 유의점

추천서를 요청할 때는 구체적인 요청 내용을 분명히 제시해야 한다. 이메일이나 메시지로 연락할 때는 "○○ 활동에서 ○○ 역할을 맡았을 때 도움을 주어 감사했다. ○월에 지원할 ○○ 프로그램(입학, 취업 등)을 위하여 추천서를 부탁하고자 한다. 가능하다면 도움을 부탁한다"와 같이 간단히 상황을 설명한다. 또한, 최소 2~3주 전에는 미리 연락하여 충분한 여유 시간을 확보하는 것이 좋다. 바쁜 분들의 일정을 고려하여 마감일을 명확히 알리고, 필요하다면 추천서 작성 예시나 템플릿을 함께 제공하면 추천서 작성이 수월해진다. 추천서를 받은 뒤에는 반드시 감사의 마음을 전해야 한다. 합격이나 취업 등의 결과가 나오면 그 결과를 알려야 후에 또 다른 기회가 생길 때 자연스럽게 다시 도움을 요청할 수 있는 기반이 된다.

레코멘데이션

- 미국에서 레퍼런스는 지원자의 신뢰도를 판단하는 핵심 요소이다.
- 이력서에 기재된 모든 활동에 대해 자신을 잘 알고 증언해 줄 수 있는 추천인을 미리 확보해야 한다.
- 추천인은 하루아침에 만들어지는 것이 아니므로, 꾸준한 사회 활동을 통해 신뢰할 만한 네트워크를 형성하는 것이 중요하다.
- 잘 준비된 레퍼런스는 지원 과정 전반에서 지원자의 역량을 뒷받침하며, 채용 담당자나 입학 사정관에게 긍정적인 인상을 주는 것이다.
- 앞으로도 주기적으로 활동 이력을 점검하고, 필요할 때 바로 요청할 수 있는 추천인 리스트를 관리하는 것을 권장한다.

가만히 있으면 중간도 못 가는 미국 사회

나는 호기심이 많아서 이것저것을 다 경험을 해봐야 직성이 풀리는 성격의 소유자이고 푼수이기도 해서 천방지축으로 날뛰었다. 그래서 나는 실수투성이였고 약간 문제아였다. 우리 부모님은 나를 바른길로 잘 인도해 주셨지만 핀잔을 자주 주셨다. "어이구 가만히 있으면 2등이라도 하지. 바보 멍충이"라고 말하시며 기가 막히고 속이 터져 하셨다. 아직도 생생한 할머니의 말씀이 생각난다. "삼신 할매가 콧구멍을 2개로 잘 만들었지." 그래서 우리 부모님은 내가 무슨 일을 새로 하거나 어디를 가면 항상 "가만히 잘 있으라" "단디 해라"며 주의를 주셨다.

혹시 여러분들은 이 "가만히 있으면 2등이라도 한다"라는 말에 대해 한번 생각해 본 적이 있는가? 나는 한국의 문화와 정서인 '체면과 안전빵!'이라는 결론을 내렸다. 우선 체면 문화. 체면을 중시하기 때문에 실패를 하는 것에 대해 부담스럽고, 그 실수에 대해 잘 말하지도 않고, 또 학교에서도 실수 없이 한 번에 잘하기를 은근 바란다. 두 번째는 안전빵. 적극적으로 행동하고 쟁취하지 않아도 또는 리스크를 감수하지 않아도 2등 정도의 등급을 받으면 꽤나 괜찮다는 생각인 것 같다. 세 번째는 경쟁 사회. 무엇을 하든 수직과 등식. 등수를 매겨 서열을 정하는 것이다. 미국에서 내가 안전빵을 선택하지 않은 경험을 공유한다.

UCLA 박사과정(Doctor of Nursing Practice(DNP))에서 겪은 실제 차별

2024년 6월, 나는 UCLA에서 DNP 과정을 마쳤다. 이 과정 중에 한 수업을 아직도 잊을 수가 없다. 이 수업은 간호실무학 박사과정의 졸업 논문 준비에 관한 것이라 일일이 교수들이 점검해야 해서 4명의 백인 교수가 함께 지도했다. 파이널 평가 하기 일주일 전에 나의 프로젝트 발표와 관련해서 질문하는 이메일을 4명의 교수들에게 공동으로 보냈고 답장을 받지 못했다. 나는 같이 수업 듣는 친구들에게 교수들께 이메일을 보냈는데 답장이 안 온다고 이상하고 했더니 워낙 이메일이 많아서 못 받을 수 있다는 반응이 나오길래, '뭐 그럴 수도 있겠다'는 생각을 하고 넘어갔다. 마지막 수업시간에 각자의 발표를 마치고 교수들과 학생들이 함께 피드백을 주고받는 시간이었다. 캐티(가명)는 교수들에게 10번이 넘은 이메일 답장을 너무 빨리 해줘서 고맙다고 했다. 나는 속으로 '내 이메일에는 답이 없는데….'라는 생각과 함께 동공 지진을 동반한 화가 치밀어 올랐다. 수업이 끝나고 나는 간호학과 3층 교실에서 1층 건물 출구를 향해 걸어가고 있다가 잠깐 멈춰 서서 내 마음을 표현할까 말까 고민했었다. 어차피 나는 발표도 잘했고 학기는 끝이 났기에 대충 넘어가려는 마음과 '이건 아니지'라는 생각이 교차했기 때문이다. 그러나 내 발 길은 이미 수업이 끝난 그 교실로 향했다. 교실에서 교수들이 모여서 이야기하고 있을 때 나는 이렇게 말했다.

"안녕하세요. 저는 지금 몹시 슬픈데 꼭 확인할 일이 있습니다. 우선 저는 박사 공부를 하는 것이 사람들한테 호감을 쌓기 위해 다니는 것이 아니고 옳은 일을 하기 위해 공부를 합니다. 일주일 전쯤 여러분 모두에게 이메일을 보냈으나 저는 아직도 답변을 받지 못했습니다. 오늘 수업시간에 흥미롭게도 캐티는 교수님들에게 여러 번 이메일 회신을 받았다고 하는데 어떻게 저한테 이런 일이 있을 수가 있을까요?"

이 말을 할 때 교수들의 눈동자가 정말 커지면서 당황하는 것을 보았다. 한 교수가 나에게 말했다.
"오늘 너는 발표를 잘했는데, 저번에 비해 정말 향상되었더라. 잘했어."
이에 나는 이렇게 말했다.

"저는 지금 학업 성과에 대해 말씀드리는 것이 아닙니다. 미국에서 지금까지 다닌 모든 간호학교에서 제 학업 성적은 우수했습니다. 제가 말씀드리고 싶은 것은 '태도'입니다. 혹시 제 이메일을 받으셨는지요? 네 분에게 다 같이 이메일을 보냈는데 어떻게 제가 답장을 받지 못했을까요? 혹시 제 질문이 너무 이상해서 회신할 가치가 없다고 느끼셨는지요? 교수님들 서로 답장을 미루신건가요? 제 이메일이 학교 도메인이라 스팸메일에도 들어가지 않을텐데요? 여러분은 이 상황에서 제 입장이라면 어떤 기분이실까요?"

나는 순식간에 내 속에 있던 말들을 당당하게 했다. 그 순간에 그들은 정말 그대로 얼어버렸다. 나는 도망치듯 그 자리를 나와서 차에서 정말 엉엉 울었다. 한 일주일이 지나자 미안하다는 이메일을 받았다. 어찌나 분했던지 어떻게 답을 해야 할지 몰라서 한 3일을 고민하고 이렇게 답장을 써서 보냈다.

"제 우려를 인정해주시고 연락 주셔서 감사합니다. 여러 교수님께서 제 이메일을 무시하실 때 저는 지원받지 못한다는 느낌이 들거나 제 이메일이 사소한 일로 치부된다는 생각이 듭니다. 하지만 저는 이러한 문화가 UCLA가 지향해야 할 모습이 아니라고 생각합니다. 진심을 담아…."

"I appreciate that you have reached out to acknowledge my concerns. When multiple professors ignore my email, it makes me feel like I am not supported or my email is some trivial matter that can be easily disregarded; but I think that is not the culture we want to create at UCLA. Sincerely"

다음 학기에 만났을 때 그들은 적어도 나에게 다시 친절해졌다. 그때는 여전히 감정의 찌꺼기가 남아 있었지만, 학교를 졸업하고 지금 생각을 해보니 그들이 어떤 특별한 의도를 가지고 나를 미워하거나 무시했다는 생각은 없어졌다. 그냥 일상적으로 그들은 아무렇지 않게 행동을 했을 수도 있고 사실 내가 그 이유를 어떻게 알겠는가? 아무 생각 없이 연못에 돌을 던져서 개구리가 그 돌에 맞는 이치와 같지 않을까 생각한다. 그들은 이러한 경험으로 인해 자신의 행동에 대해서 한 번 돌아보는 계기를 가졌을 것이고 한국인이나 다른 인종의 학생들에게 조금 더 조심스럽게 다가갈 것이다.

"그냥 좋은 게 좋지, 좋게 좋게"

어떠한 경우에 '좋은 게 좋다'라고 생각하는가? 나의 UCLA 이야기에서 나는 왜 수업시간에 화가 났을 때 친구들과 교수들이 있는 그 시간에 바로 반박을 못했고, 수업이 끝나서도 말을 못했고, 집으로 가는 중에 이 중요한 말을 하려고 해도 잠시 멈춰 서서 생각한 걸까? 우리가 속한 집단이나 모임에서 '좋은 게 좋다'고 생각하게 되는 경우는 사람들 사이에 갈등이 있을 때다. 지금까지 나는 누군가에게 좋은 게 좋다고 그냥 넘어가자고 권유했고, 나 스스로도 문제들 만들지 말고 그냥 좋게 넘어가자고 생각했고, 또는 누군가가 좋은 게 좋다고 너그러이 이해하고 넘어가라, 또는 넘어가자고 권유했다. 갈등을 최소화하고 모두가 편안한 상태를 유지하려는 이 한국적인 정서는 '우리'라는 것으로 간단하게 표현할 수 있을 것 같다. 한국의 '우리' 문화, 공동체 문화에서 마찰 없이 원만한 관계를 유지하려는 것이 우선시된다. 체면을 중시하다 보니 상대의 기분을 상하지 않고 나도 얼굴 붉힐 일이 없는 적당히 괜찮은 상태를 유지할 수 있다. 그리고 이러한 정서는 개인보다는 공공의 이익을 더 우선시하기 때문에 어떤 일을 진행할 때 시간 절약이 되고 효율성이 높아질 수도 있다. 그렇지만 이것은 문제의 본질에 대해 이야기하지 않아 책임 소재에 대해 불분명할 수 있을 뿐만 아니라 직설적인 커뮤니케이션을 해야 하는 상황에는 적합하지 않을 수 있는데, 나의 UCLA 이야기가 여기에 해당한다. 다음으로 내가 병원에 다니면서 경험한 이야기를 나누고자 한다.

태도가 중요해

한국 간호사들은 미국 의료현장에서 대체적으로 일을 잘한다. 즉 업무 능력이 뛰어나다. 왜냐면 우리는 성실하고, 근면하고, 손이 빠르고, 인내하고, 서로 잘 도와주고, 눈치가 빠르고, 친절하고, 조용하고, 특히 무엇보다 알아서 할 일을 찾아서 솔선수범한다. 이러한 장점은 미국의료현장에서는 한 개인의 간호사로는 때론 단점일 수도 있다. 예를 들면, 일을 잘하는 한국 간호사는 어려운 환자를 다른 간호사에 비해 더 많이, 더 자주 배정받을 수 있다. 수간호사가 환자 배분을 할 때 "너는 어려운 일 잘 처리하잖나"와 같은 은근히 '너만 믿어'라는 사인을 보낸다. 나는 거의 대부분 환자 배정에 대해 불만을 제기한 적이 없었고 오히려 나를 인정해주는 것 같아 뿌듯했다. 그런데 치우친 환자 배정이 계속적으로 일어나자 나는 버거움을 느꼈다. 나는 불공평한 환자 배분으로 생기는 이 버거움이 스트레스라는 것을 일찍 감지하지 못했다. 나는 이로 인해 동료들과 환자들에게 친절하게 대하지 못하고 퉁명스러워졌고, 나 자신에게조차도 너그럽지 못했다. 미국 동료들은 내가 왜 스트레스를 받는지에 대한 원인에 대해서는 까맣게 잊고 나의 행동과 태도에 대해 피드백을 주었다. 일은 열심히 하고 태도가 안 좋다는 평을 동료들에게 받을 때 그 느낌, 여기 이 장에서 글로는 표현하기 어렵다. 나는 스트레스를 제대로 관리하지 못한 책임을 져야만 했다.

선제 보고 전략과 기록의 일상화

병원에서 의사나 동료간호사들이 나에게 소리를 치거나, 나와 약간의 의견 충돌과 말다툼 또는 '왜 저러지'라는 생각이 들었던 관계가 있었던 때가 종종 있었다. 나는 '다 잘 정리되었겠지.', '좋은 게 좋은 거지'라고 많이 생각했었는데, 그것이 내 착각이라는 것을 나중에 수퍼바이저에게 불려 가서 알게 되었다. 보통 나의 직무능력이 아닌 어떤 갈등 상황에서 나의 태도 또는 말투가 얼마나 적절치 않은지에 대해 동료들이 불만을 토로했다. 이런 경험을 몇 번 경험하고 난 후 수퍼바이저에게 어떤 일이 일어나든 즉각 그리고 먼저 "이러저러해서 이런 일이 있으나 알아두세요"라고 보고를 한다. 이런 갈등 상황에서는 먼저 불만 제기를 하는 것이 상당히 중요하다. 내 경험으로는 수퍼바이저가 어떤 불만을 먼저 듣고 나면 가치판단이 먼저 들은 쪽으로 주로 기울어졌었다. 또한, 내가 먼저 보고를 하고 추후에 다른 동료들에게 어떤 불평불만을 들어도 수퍼바이저는 공평하게, 아니면 적어나 어느 한쪽에 치우치지 않게 그 갈등을 다룰 수 있다. 무엇보다 중요한 것은 잘잘못을 떠나 누가 나에 대해 불만을 토로하면 나에 대해 부정적인 시각을 갖게 될 뿐만 아니라 그 부정적 시각을 바꾸는 데는 정말 오랜 시간이 걸리기 때문이다.

또 하나 더, 이런 일에 있으면 나는 육하원칙에 의해 기록을 해놓는다. 언제 정확한 시간 포함, 어디서, 누구와 무슨 일이 있었고, 누가 그것을 또는 그 상황을 보고 있었고, 왜 일어났고, 그리고 어떻게 되었고 이 일로 언제 수퍼바이저에게 보고했는지 적어놓는 것도 잊지 않는다. 때로는 다른 동료에 의한 편파적인 의견이나 사건 상황 보고에 있어 적어도 억울한 일이 일어나는 것을 방지할 수 있었기 때문에 이 기록하는 습관은 내가 어느 정도 간호사로 성장할 때까지는 큰 방패막이 되어주었다.

나는 한국의 문화와 정서가 미국 생활을 하는 데 부정적이라고 말하는 것이 아니다. 단지 우리 문화와 정서를 잘 알고 그것의 장점을 극대화하고 미국 의료현장에서 적절치 않을 단점은 잘 전환하여 우리가 각자의 현장에서 잘 적용할 필요가 있다고 생각한다. 이 장을 쓰면서 이렇게 노심초사 무슨 일이 일어나지 않기를 바라며 또 만사를 준비하면서 치열하게 살아온 지난 나의 간호 열정과 노력이 지금의 나를 만들었고 시간이 지난 후에 힘든 경험들은 사실은 나의 간호사 커리어의 스승이었다는 것을 깨닫는다. 그것이 참으로 고마운 경험이라는 것에 그저 감사하고 또 감사한다.

레코멘데이션

- "가만히 있으면 2등"이라는 말은 미국 의료현장에선 통하지 않는다. 말하지 않으면, 누구도 당신의 입장을 모른다.
- 차별이나 부당함을 느꼈다면 정중하되 분명하게 표현하라. 갈등을 피하는 것보다, 오해를 줄이는 것이 중요하다.
- 태도에 대한 피드백은 사실 '감정의 결과'일 수 있다. 일을 잘해도 태도로 손해 볼 수 있다는 점을 인식하자.
- 불공평한 환자 배정이나 의사소통 충돌이 생기면, 감정에 묻히지 말고 구체적인 사실 중심으로 보고하자.
- 먼저 말하는 사람이 상황의 주도권을 가진다. 정중하고 정확한 선제 보고는 방어가 아니라 전략이다.
- 기록하자. 언제, 누구와, 무슨 일이 있었는지 정리하는 습관은 당신의 전문성과 신뢰를 지키는 무기다.
- 한국 문화의 미덕은 강점이 될 수 있다. 다만, 현장에 맞게 조정하고 표현하는 지혜가 필요하다.

지나친 겸손은 '무능, 거절'이다

미국에서 일하며 마주하게 되는 '태도'의 문화 차이에 대해 이야기해보고자 한다. 특히 겸손이라는 개념이 어떻게 다르게 작용하는지, 그리고 그것이 어떻게 의료현장 커리어에 영향을 미치는지를 중심으로 풀어가려 한다.

한국식 겸손, 미국에선 어떻게 보일까?

국립국어원《표준국어대사전》에 의하면 '겸손'은 명사로 '남을 존중하고 자기를 내세우지 않은 태도가 있음'으로 정의한다. 한국인이라면 "겸손은 미덕"이라는 말은 정말 수도 없이 많이 듣고 자란다. 사실 우리의 뼛속까지 깊이 새겨져 우리는 '겸손'을 무의식적으로 그리고 의식적으로 이해하고 실천하고 살아가고 있다. 우리는 너무 자주 "나서면 민망하다"라고 배웠고, 즉 잘해도 티 내지 말고 칭찬받아도 고개 숙이는 문화라고 할 수 있다. 또한, 이러한 문화 속에서 은근히 우리는 스스로 남들이 우리를 알아주고 챙겨 줄 것 또는 우리가 무엇을 잘하는지 남들이 알아줄 것이라는 막연한 믿음이 있다. 가만히 있으면 알아줄 거라는 믿음은, 어쩌면 내 인생을 남의 판단에 맡기는 습관일지도 모른다. 주인의식을 다시 생각해 볼 필요가 있다.

하지만 미국은 다르다. 특히 미국의 직장과 교육 현장에서는 전혀 다른 룰이 적용된다. 자기표현이 곧 신뢰를 구축하는 일이라는 점이다. 미국에서는 자신이 무엇을 잘하는지, 그것이 어떤 기여를 할 수 있는지를 정확하게 말할 수 있어야 한다. 질문에 대답하지 않는 것, 기회를 탐하지 않는 것, 하고 싶은 것을 말하지 않는 것은 미국 문화 안에서는 "침묵" 또는 "관심 없음"이나 "적극성 부족"으로 오해될 수도 있고 무능하게 보일 수도 있다. 또는 "좋은 건 남이 알아줄 거야"라는 믿음 아래 우리 자신을 드러내는 일에 어색해하지만, 그 어색함이 바로 기회를 놓치는 이유가 되기도 한다. 새 직장으로 채용, 직장 내에서의 승진, 직장 내의 교육 기회는 단지 "성실함"만으로는 주어지지 않는다.

말하지 않으면 아무도 모른다.
말하지 않으면 아무 일도 일어나지 않는다

2013년 나는 1년 간호 경력직으로 로스엔젤레스 근처의 패서디나 헌팅턴 병원 정신병동에 취직을 했다. 크리스탈(가명)은 나보다 6개월 늦게 들어 온 신규 간호사다. 2012년, 2013년, 이 시기는 미국의 병원들이 대대적으로 종이 차팅에서 전산화된 차팅 시스템을 구축하는 시기였다. 나는 그 전 병원에서 새로운 전산 시스템을 구축하여 간호사들에게 교육하는 일을 맡아서 하는 슈퍼유저였다. 그런 경험이 있던 나로서는 헌팅턴 병원에서 전산시스템을 새로 구축하고 나서 그것을 병원의 간호사들이 사용할 때 나는 교육하는 간호사, 슈퍼유저가 되길 은근 바랐다. 그런데 크리스탈이 그 일을 하게 되었다고 병원 전체 공고 이메일을 받았다. 2010년도에 내가 먼저 간호사가 되었기 때문에 나는 그때 그것을 정말 받아들일 수가 없었다. 속으로 '내가 크리스탈보다 잘하는데, 나는 경험도 있는데, 나는 신규간호사는 아닌데, 병동 일도 모르는 크리스탈이 어떻게 전산시스템을 가르치지, 하물며 그녀는 학교도 온라인으로 나왔잖아(그때는 코로나 시대 이전이라 온라인 간호학교가 거의 없고 그 온라인 간호학교에 대한 인식도 좋지 않았다.).'라고 생각하며 분해했다. 나는 한동안 내가 영어를 못해서 또는 크리스탈이 백인이라서 그런 교육하는 역할을 맡았다고 생각하고 은근 그녀를 미워했다. 얼마 후 그녀는 병원 전체 교육부로 부서를 이전하면서 승진을 했다. 한 6개월 후에 병원 전체 수퍼바이저와 친하게 되고 그녀의 이야기를 듣게 되었다. 병원이 전산시스템을 구축하고 간호사 및 전 직원을 가르칠 시점에 크리스탈은 어떻게 쉽게 그 시스템을 가르칠지에 대한 파워포인트를 만들어서 교육 담당 디렉터를 직접 찾아가서 자신의 플랜에 대해서 발표했다고 했다. 내 자리를 가져간 듯한 느낌에 나는 은근 그녀를 미워했지만 그건 이유가 없는 나의 치졸함임을 알게 되었다. 크리스탈은 그 자리에 갈 자격이 충분했다. 그녀는 정직히 자신과 자신이 할 수 있는 것을 표현했고, 그녀의 도전과 열정, 책임감은 리더십으로 이해되었을 것이다. 나는 이때 미국 병원 시스템이 어떻게 돌아가는지, 내가 할, 또는 하고 싶은 역할을 찾는 기회를 앞으로 어떻게 잡아야 할지, 그 방법에 대해 정말로 크게 눈을 뜨게 되었다.

2년 후, 2015년, 나는 여러 번의 시도 끝에 대학병원인 UCLA 레즈닉신경정신과 병원 면접을 볼 수 있었다. 그때 나는 지금보다 훨씬 영어가 부족했고, 인터뷰도 긴장된 상태였다. 더군다나 처음으로 매니저 단독 면접 후 패널 인터뷰를 본다는 것을 면접 때 알게 되었다. 패널 인터뷰는 면접 당일에 일하는 간호사 3~5명과 함께 보게 되는데 나를 면접 본 매니저가 나를 채용하지 않으면 패널 면접은 없기 때문에 즉 최종 면접이라는 뜻이다. 이런 신개념의 면접은 듣도 보도 못한 면접이라 상당히 어려웠다. 한 면접관은 내 영어에 대해 걱정이 없냐고 물었다. 나는 이렇게 말했다.

"네, 영어가 부족한 건 사실이에요. 하지만 그게 오히려 환자들에게 더 도움이 될 수도 있어요. 저는 그만큼 더 집중하고, 더 경청하고, 더 세심하게 관찰하거든요. 언어는 전체 커뮤니케이션의 8%에서 10%밖에 되지 않는다고 하잖아요. 저는 언어가 아니라 행동으로 환자와 연결합니다. 더 오래 머물고, 더 많이 돕고, 더 큰 책임감을 가지고 일합니다." ("Yes, my English is limited, But that may benefit our patients more. Because I will listen more closely, pay more attention, and observe more carefully. They say verbal language is only about 8%~10% of communication. I connect with patients not just through words, but through my actions. I stay longer, I help more, and I take greater responsibility.").

면접관들은 깊이 고개를 끄덕였다. 이 면접을 통해 나는 꿈에 그리던 UCLA 레즈닉신경정신과 병원에 취직할 수 있었다. 이 면접에서 인터뷰는 나의 부족함을 인정하면서도 그것을 강점으로 바꾸는 과정을 구체적으로 표현했다. 영어가 완벽해서가 아니라, 내가 누군지, 뭘 잘하는지, 어떻게 기여할 수 있는지를 말했다. 크리스탈에게 배운 정직한 자기표현이었다. 내가 뭘 잘하고, 어떤 태도로 일에 임하는지를 말할 수 있었다. 그래서 팀도, 상사도, 나를 정확히 이해하고 기회를 줄 수 있었다.

내가 뭘 잘하는지 나도 몰랐던 순간

나는 브라운 대학교 마음챙김센터(Mindfulness center at Brown University)에서 마음챙김에 근거한 인지치료(MBCT) 국제인증 지도자 1단계에 있다. MBCT 국제인증 지도자 2단계를 수료하기 위해 내가 진행하는 MBCT 수업을 녹화해서 나의 1:1 멘토와 함께 그 녹화된 비디오를 보고 나에게 멘토링을 제공하는 수업을 받고 있다. 즉 나의 녹화된 비디오를 보고 서로 피드백을 주고받는 시간이다. 상상해 보라. 영어로 수업하는 2시간을 비디오 찍는 것, 그 영어로 말하는 나 자신을 보는 것, 그것을 선생님과 함께 보며 피드백을 받는 것이 어떤 느낌으로 다가오는지…, 공포 그 자체, 회피는 나의 방어기제. 나는 이 수업을 시작하기 전에 내가 뭘 잘못했는지 들여다보는 시간이라고 생각했다. 나의 영어 발음, 말투, 행동, 이것을 보는 것을 상상만 해도 정말 시커멓고 커다란 공포가 나를 집어삼켰다.

드디어 첫 멘토링 수업시간이다. 멘토 패티는 내 수업 영상을

15분 정도 같이 본 뒤 물었다.

"세라, 너 오늘 수업에서 뭐를 잘한 것 같아?"

나는 한참을 망설이다가 "뭐…, 잘한 게 없어요"라고 대답했다. 그러자 패티는 이렇게 말했다. "세라, 학생들 말 정말 잘 들어주더라. 그리고 질문할 때마다 정확히 피드백 주는 거, 학생들의 말을 잘 못 알아들을 때 다시 정확하게 무슨 뜻인지 물어보는 거 정말 좋았어. 그리고 무엇보다 그들과 같이 현재에 머물러 있었어. 와우 세라 너 정말 대단해."

이 피드백에 나는 충격을 받았다. 내가 너무도 당연하게 여겼던 부분인, 그냥 수업을 했을 뿐이었고 잘했다고 생각하지 않았다. 영어도 그렇고, 수업 참석자들과 대화를 할 때도 시원한 대답은 못 주었고 어색한 침묵이 꽤나 많이 흘렀는데 잘했다고 하니 나로서는 놀랄 수밖에 없었다. 그런데 그 당연한 것이 누군가에게는 '잘한 일'이었다.

그날 이후, 나는 처음으로 진지하게 나 스스로에게 묻기 시작했다. '나는 내가 뭘 잘하는지 잘 알고 있나?' 이 질문에 대한 답은 쉽게 찾아지지 않았다. 우리는 칭찬에 익숙하지 않고, 자기 강점을 말하는 데 서툴다. 익숙하지 않은 칭찬은 따뜻해도 불편하다. 그러나 그 불편함을 넘어야 한다. 그래야 내 가능성을 정확히 이해하고, 필요한 순간에 나와 나 자신의 역량을 말할 수 있다. 그러니 말하자. 드러내자. 그리고 무엇보다, 스스로도 꼭 알아두자. 내가 뭘 잘하는지.

레코멘데이션

- 미국에서는 겸손이 오히려 기회를 막을 수 있다. 말을 아끼는 건 능력 부족으로 읽힐 수 있다.
- 자신이 뭘 잘하는지, 그 강점이 어떤 가치를 줄 수 있는지 구체적으로 말하자.
- 잘난 척이 아니라, 정보 전달이라고 생각하자. 내가 나를 소개하지 않으면 아무도 모른다.
- 부족함이 있다면, 그걸 어떻게 보완하고 있는지 말하자. 그것 또한 강점이다.
- 자주 물어보자. "나는 내가 뭘 잘하는지 알고 있는가?" 그걸 아는 것이 태도의 시작이다.

질문엔 '설명'이 아니라 '답'을 먼저 하라

앞선 장들에서 우리는 미국에서 간호사로 살아남기 위해 때로는 우리의 익숙한 생각을 뒤집어야 하는 몇 가지 상황을 살펴보았다. 좋은 '백'이 아닌 투명한 '레퍼런스'를 쌓아야 하고, 지나친 겸손은 무능으로 비칠 수 있으며, 가만히 있는 것이 결코 안전한 길이 아님을 이야기했다. 이 모든 이야기의 중심에는 한 가지 공통점이 있다. 바로 '적극적이고 직접적인 소통'의 중요성이다. 레퍼런스를 잘 쌓는 것도, 나의 가치를 제대로 알리는 것도, 부당함에 맞서는 것도 결국 '말'로 이루어진다. 그리고 이 모든 소통의 가장 기본이 되는 기술이 바로 '질문과 답변'이다. 이번 장에서는 우리가 매일같이 마주하는 가장 사소하면서도 가장 중요한 이 소통의 순간, 즉 '질문에 답하는 방식'에 대해 이야기하려 한다. 한국에서 온 우리가 왜 단순한 질문에도 길게 설명부터 하게 되는지, 그리고 그 작은 습관의 차이가 미국 의료현장에서 어떻게 신뢰를 만들거나 무너뜨리는지 나의 경험을 통해 솔직하게 나누고자 한다.

왜 "잠깐 이야기할까?"가 무섭게 들릴까?

"세라, 잠깐 이야기할 수 있을까?"

미국 병원에서 일하면서 수없이 들은 말이다. 그런데도 여전히 나는 움찔한다. 그 말이 나오면 자동적으로 머릿속에 떠오르는 생각은 "내가 뭘 잘못했지?", "내가 뭘 또 빠트렸나?"다. 두려운 감정이 앞서 내 마음은 이미 방어 태세에 들어가 있다. 이 반응은 개인적인 성격과 생각의 문제일 수도 있지만 내가 자라온 한국 문화의 결과라는 생각도 한다. 내 경험상 한국에서는 누군가가 나를 조용히 부른다는 건 대부분 안 좋은 일이었다. 주로 학교에서 또는 직장생활을 할 때 혼나거나, 지적받거나, 고쳐야 할 게 있다는 의미였다. 칭찬은 늘 짧았고, 피드백은 교정이자 비판이었다. 나를 부르는 목소리는 항상 무겁게 들렸다. 그래서 미국에 온 지 20년이 되어 가고 간호사 생활을 한 지도 15년이 지났지만, 여전히 습관처럼 움찔하게 되는 것은 어쩔 수 없는 일이다.

하지만 미국의 문화는 다르다. 내가 일하는 정신과 병원의 메디컬 디렉터가 어느 날 나를 불렀다. 나는 평소처럼 긴장했고, 또 무슨 실수를 했는지 머릿속으로 검토했다. 그런데 그는 환자 제임스(가명)를 어떻게 조울증 진단을 내렸는지 나에게 물었다. 나는 제임스(가명)가 직장을 자주 바꿨고, 직장을 바꾸기 전에 꼭 큰 다툼이 늘 있다는 것, 자살 시도 충동이 자주 일어나는 점을 고려하여 우울증 진단보다는 조울증II 증상과 비슷하다고 소견을 밝혔다. 그는 자기가 보지 못한 조울증II 에 대해 진단한 것이 맞다고 인정해

주었다. 또한 리티움정을 처방한 것도 적절하다고 칭찬해 주었다. 그는 자기 자신의 실수 또는 미처 발견하지 못한 부분에 대해서 비판 없이 자신을 받아들이는 동시에 자신의 동료인 나를 조용하고 조목조목 자세히 칭찬해 주었는데, 아주 오래도록 기억에 남는다. 그럼에도 불구하고, 나를 조용히 부르는 누군가의 목소리를 들으면 여전히 나는 긴장한다. 몸은 미국에 있지만, 내 반응은 아직 한국식인 것이다. 그렇지만 이런 상황에서 나는 이제 방어 태세를 취하기보다는 '무엇에 대해 이야기하자고 할까? 좋은 일이 있을 수도 있어!'와 같은 궁금하고 긍정적인 자세를 가지고 임하려고 한다. 이는 나 자신에 대한 믿음을 기반으로 하여 혹시나 지적받을 일이 있다고 하더라도 이제는 그렇게 무섭진 않다.

질문은 정보를 구한다. 설명은 방어다 : 질문엔 간단히 답하자

이런 문화적 배경은 내가 하는 커뮤니케이션에도 깊이 스며들어 있다. 예를 들어, 누군가가 "제인(가명) 환자 입원 수속 했어?"라고 물으면, 나는 이렇게 말하곤 했다. "제가 지금 바쁩니다. 지금 다른 환자 보고 있어서 아직 못하고 있어요." 처음엔 그게 당연한 대답인 줄 알았다. 시간이 지나고 알게 된 사실은 이건 '답'이 아니라 '설명'이었다. 질문자는 단순히 '됐냐, 안 됐냐'를 묻는 것이다. 하지만 나는 그 안에 내 사정과 노력을 담아 변명처럼 풀어냈다. 왜 그랬을까?

첫째로 판단 받는다는 느낌 때문이다. 질문이 곧 평가처럼 느껴지기 때문에, 나는 '나는 게으른 게 아니야', '난 열심히 하고 있어'라는 말을 에둘러 하게 된다. 이건 나만의 문제는 아니었다. 중국 동료간호사들도 비슷하게 대답하는 걸 여러 번 보았다. (일본 간호사들은 거의 보기 힘들고, 필리핀 간호사들은 문화가 조금 다르기에 예외적으로 제외한다). 아시아 문화권에서 자란 사람들은 질문을 검열로 받아들이고, 그에 앞서 자기방어부터 하는 경향이 있다는 생각이 들었다.

두 번째는 한국의 대화 방식 자체다. 한국어는 끝까지 들어봐야 무슨 말인지 알 수 있는 언어다. 중요한 이야기를 제일 마지막에 하는 것이 일반적이다. 말의 전반부는 배경 설명이고, 결론은 맨 뒤에 나온다. 이 귀납적 구조에 익숙해져 있다 보니, 질문에 대해 바로 답하기보다 상황 설명부터 하게 된다. 말의 흐름상 "예"나 "아니오"는 너무 성급하고 무례하게 느껴질 수 있기 때문이다. 하지만 미국에서는 절대 법칙은 아닐지라도 적어도 복잡하고 바쁜 의료 환경에서는 답을 먼저 하고, 설명을 덧붙이는 연역법 구조로 대화를 하고 있다.

세 번째, 미국 의료현장의 커뮤니케이션에서 질문은 정보를 얻기 위한 것이고, 대답은 간단하게 필요한 정보를 전달할수록 좋다. 내가 길게 설명하면 같이 일하는 질문자인 상사나 동료들은 상황을 빠르게 파악해서 다음 조치를 해야 하는 상황에서 오히려 혼란스러워하거나 정말 살짝 짜증을 내며 똑같은 질문을 다시 할 수도 있다. 예를 들어, 지금 환자 어드미션이 어느 정도 진행되었는지, 병동에서 계속 입원 환자를 받을 수 있는지, 다른 병동의 간호사 인력을 우리 병동에 투입시킬지, 아니면 환자 입원을 내가 일하는 시프트에는 잠시 중단할지 등에 대한 결정을 내려야 하는 시점에 있을 수도 있기 때문이다. 또한, 나의 긴 설명은 그들에게 별로 내가 생각한 만큼 중요하지 않고 오히려 '얘는 의사소통을 잘 못하는

구나, 변명하는구나'라고 하는 오해를 하게 할 수도 있고 그들에게 팀워크가 잘 안된다는 인상을 심어줄 수도 있다.

정보 중심의 커뮤니케이션은 신뢰를 만든다

이 간결하고 간단한 정보 전달의 대화가 가끔 감정을 상하게 할 때가 있다. 일단 한국 사람인 나에겐 약간 메마르고 불친절하게 느껴졌기 때문이다. 이 간단한 진리를 받아들이기까지는 오랜 시간이 걸렸고 사실 나는 아직도 적응 중이다. 나는 늘 스스로를 설명하려 들었고, 그 이유는 나의 두려움, 죄책감, 미안함, 그리고 평가에 대한 불안 때문인 것을 고백한다. 하지만 그 모든 감정들은 대답을 질문과 동떨어지게 하거나 돌려서 말해서 그들에게 어렵게 만들었고, 오히려 내가 미국 병원생활을 하면서 어떤 사람인지 더 불분명하게 만들고 있다는 사실을 알게 되었다.

미국의 의료현장에서 질문은 나를 판단하기 위한 것이 아니라 상황을 파악하기 위한 것이고 즉 나는 상황에 대한 보고를 하는 것이다. "됐어?", "했어?", "준비됐어?"라는 질문에는 "예" 또는 "아직입니다."라는 답이면 충분하다. 조금 더 상황을 설명하고 싶다면, "아직입니다. 그 이유는 이러하고 저러하고 해서 그렇습니다."라고 대답한다면 좀 더 명쾌해질 수 있다.

질문에 제대로 답하라는 조언이 어쩌면 우스울 수도 있다. 하지만 나는 정신과 진료 현장에서 오랜 시간 환자들과 대화를 하면서 깨달았다. 질문과 답변은 단순한 정보 교환이 아니라, 그 사람의 사고방식과 태도가 드러나는 창이다. 특히 질문에 어떻게 답하느냐는 그 사람의 정서적 습관, 문화적 배경, 심지어 철학까지 보여

준다. 내 감정을 중심에 두고 말하면 의도는 쉽게 흐려진다. 반면 정보를 중심에 두고 말하면 훨씬 명확하다. 이건 단순한 말하기 기술이 아니다. 사고방식의 전환이다. 질문을 들었을 때 먼저 나를 방어하려는 마음을 내려놓고, 필요한 사실만 간단히 전달하는 것. 이 작은 변화가 미국 의료현장에서 신뢰를 만들고, 협업을 가능하게 한다. 말을 짧고 간결하게 한다는 건 무례함이 아니다. 오히려 그 안에 책임감이 담겨 있다. 특히 미국의 의료 시스템은 '정확한 속도'를 중시한다. 긴 설명보다 핵심 한 마디가 환자의 안전과 직결될 수 있다. 지금 환자가 어떤 상태인지, 어떤 조치가 필요한지를 간단하고 정확하게 전달하는 것이 가장 중요하다.

    나는 커뮤니케이션을 개인 능력 이전에 시스템의 일부라고 생각한다. 내가 명확하게 말하면, 동료들은 나를 더 신뢰하게 된다. 그리고 그 신뢰는 일의 속도를 높이고, 환자 케어의 질을 끌어올린다. 미국에서 성공하는 간호사는 영어를 유창하게 하는 사람이 아니다. 필요한 정보를 빠르고 정확하게 전달할 줄 아는 사람이다. 이 커뮤니케이션 방식에 익숙해지는 데에는 시간이 필요하다. 하지만 이것은 단순한 기술이 아니라, 미국 의료현장에서 성공하기 위한 핵심 전략이다. 말하기 방식 하나로, 당신은 팀워크의 중심이 될 수도 있고, 오해의 중심이 될 수도 있다. 선택은 당신의 응답 방식에 달려 있다.

레코멘데이션

- 누군가가 조용히 부를 때 긴장되는 건 당연하다. 하지만 그것이 커뮤니케이션을 방해하게 해선 안 된다.
- 질문은 정보를 위한 것이다. 설명은 방어로 보일 수 있고, 오히려 비효율을 만든다.
- 짧게, 간단하게, 감정 없이. 정보 중심 커뮤니케이션이 신뢰를 만든다.
- 질문자는 판단이 아닌, 결정을 위한 자료를 찾고 있다. '예' 혹은 '아니오'가 가장 강력한 응답일 수 있다.
- 간결하게 말하는 습관은 곧 시스템 적응력이다. 문화가 다르면 방식도 바뀌어야 한다.

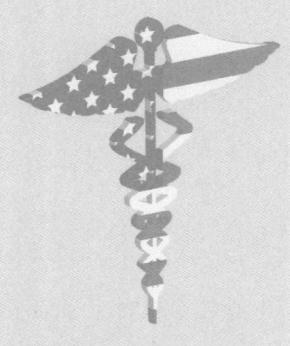

민수정 (Crystal Min)

MSN, APRN, PMHNP-BC
정신건강전문간호사
Email : crystalm.pmhnp@gmail.com

- 2023년 West Coast University 간호학 석사 및 PMHNP 자격 취득
- 2021년 West Coast University 간호학 (BSN) 학사 졸업
- 2018년 Stanbridge University 간호학 (ADN) 준학사 졸업
- 현 Together Mental Health - PMHNP로 근무
- 현 Korean American Family Services - PMHNP 근무
- 현 Angeles College - Mental Health Nursing Instructor
- 현 남가주한인간호협회 임원
- 전 College Hospital Cerritos RN 근무

2장

이것만 알아도 미국 간호사 직장 생활 반은 성공

다음 장(chapter)에 앞서, 한국 문화에 대한 저의 깊은 존경과 감사를 먼저 전하고 싶습니다. 한국계 미국인 2세로서 저는 한국인의 관습 (존중, 겸손, 근면, 조화 중시), 의사소통 방식, 사회 구조의 엄청난 가치를 깊이 인식하고 있습니다. 그것들은 저의 (우리의) 정체성을 형성할 뿐만 아니라 저의 개인적 혹은 직업적 소통을 가능하게 하는 중요한 가치들입니다. 이 글의 목적은 한국의 문화적 관습을 평가하거나 폄하하려는 것에 있지 않고, 미국의 의료환경에서 경험을 쌓고 싶어하는 한국 간호사분들께 실질적인 방향을 제시하는 데 있습니다. 미국 병원과 클리닉에서 마주하는 문화적 차이를 이해하며, 동시에 한민족 고유의 가치를 지켜간다면, 더 효율적이며, 포용력 있고, 자신감 있는 간호사가 될 수 있을 것이라고 믿습니다. 이 글을 통해서 한국계 간호사들이 미국 의료현장에 보다 빨리 성공적으로 적응하고, 자신의 전문성을 펼칠 수 있게 되기를 희망합니다.

영문으로 먼저 집필했으며 한글로 번역하였습니다.

"빨리 빨리" NO! NO!

　한국 가정에서 자라면서 "빨리 빨리"라는 말은 곧 삶의 방식이었다. 아침 식사를 하든, 숙제를 마치든, 사람들이 북적이는 길을 걷든, 늘 지체없이 빠르고 효율적으로 움직이도록 재촉하는 보이지 않는 긴박감이 있었다. 많은 한국인들에게 이러한 사고방식은 단순한 속도의 문제가 아니라, 의무감과 탁월함, 그리고 급변하는 사회의 요구에 발맞추려는 태도이기도 하다. 그러나 미국 간호 현장으로 옮겨오면, 이처럼 깊이 배어있는 개인의 촉박함이, 시간을 들여서 더 자세하고 세밀한 환자와의 참여와 소통, 그리고 신중한 간호 계획을 중시하는 미국의 병원에서 요구하는 것과 충돌할 수 있다. 한국에서는 일을 빠르고 수월하게 수행하는 간호사를 칭찬하는 한편, 미국에서는 시간이 더 걸리더라도 환자의 말에 더 귀 기울이고, 충분히 설명해주며, 환자의 참여 아래 함께 의사결정을 도와주는 간호사가 더 인정받는다. 물론 최소한의 상호작용으로 신속한 처치를 선호하는 환자들도 있지만, 많은 환자들은 미국 간호사들의 상호작용 방식에 익숙하다는 점을 기억해야 한다.

한국의 '빨리 빨리' 문화는 급격한 산업화와 역사적 국가 재건 과정 등에 기인하고 있다. 전쟁·식민 지배·정치적 격동 등을 겪은 뒤, 한국은 짧은 기간 동안 폭발적인 성장을 이루어 냈고 이 추진력은 사회 전반에 스며들어 속도와 효율을 당연시하는 문화를 낳았다. 한국 직장에서는 신속하고 즉각적으로 대응하는 것이 유능함, 타인의 시간에 대한 존중, 그리고 역할에 대한 헌신을 의미한다. 위계질서와 업무 완수 중심의 한국 의료환경에서는 이러한 긴박감이 더욱 강조되어, 간호사는 환자와 과도한 질문이나 간섭없이 빠르게 업무를 처리해야 한다. 질문은 시간을 낭비하거나 권위를 의심하는 행위로 여겨질 수 있고, 의사소통은 대개 오더를 주는 식으로 진행되어 의료진의 지시가 최소한의 논의만 거쳐 간호사들에게 전달된다.

반면 미국의 의료 모델은 보다 심의적인 절차를 지향한다. 간호사는 환자에게 진료 과정에 대해 충분히 설명하고, 동의를 얻고, 이해도를 확인하도록 교육받으며 여러 학부가 관련된 interdisciplinary 팀으로 일하는 경우가 많다. 물론, 효율성과 신속함도 중요한 가치로 여겨지지만, 충분한 사정·교육·지시·확인 없이 지나치게 빠르게 행동하면 무모하다고 여겨질 수 있다. 간호사는 오류를 예방하기 위해 필요할 때는 속도를 늦추고, 환자를 공동 의사결정에 참여시키며, 환자의 질문에 명확히 답변해야 한다. 이런 업무 문화적 차이는 짧은 시간 안에 많은 일을 해내는 것으로 칭찬받아 온 한국 간호사들에게는 낯설고 당황스럽게 느껴질 수 있다.

많은 한국인 간호사들이 미국 병원으로 옮겨 온 뒤 "천천히 하세요" 혹은 "환자가 이해했는지 꼭 확인하세요"라는 말을 들을 때 답답함을 호소한다. 퇴원 지침을 설명하거나 약물 부작용을 검토하는 데 시간을 쓰면 자신이 비효율적이거나 열의가 없어 보일까 걱정하기도 한다. 반대로 미국 동료들은 한국 간호사의 빠른 업무 속도를 냉담함이나 무관심으로 오해할 수 있다. 한 한국인 간호사는 미국에서 첫 근무를 하며 오전 투약을 기록적인 속도로 마쳤지만, 프리셉터로부터 "속도를 늦추고 환자와 더 이야기하라"라는 피드백을 받아 혼란스러웠다고 한다. 그녀가 나중에야 깨달은 것은, 제시간에 약을 주는 것만큼이나 관계 형성과 진료 설명, 경청도 치료 과정에 중요하다는 사실이었다.

미국의 환자들은 스스로 치료 과정에 적극 참여하도록 권장한다. 환자들은 치료 과정에 대해 자주 질문하고, 자신의 선호 의사를 표현한다. 이는 의료 권위를 의심하는 행위가 아니라, 알 권리를 행사하는 것이다. 환자는 수동적 수혜자가 아닌 '치료 파트너'로 여겨지며, 약물의 근거를 이해하고, 치료 방식 선택에 관여하며, 치료 및 돌봄 과정에 영향을 줄 수 있는 우려 사항이나 궁금증을 공유하길 원한다. 이러한 접근은 자율성 원칙에 기반하며, 미국 의료계의 법적·윤리적 기준으로 뒷받침된다. '사전 동의', '환자 권리', '공동 의사결정'은 이상이 아니라 일상적인 것이며, 간호사는 단순 업무 수행자가 아니라 환자의 옹호자·교육자·소통자로서 존재한다. 질문을 장려하고 환자 선호를 존중하는 것이 고품질 간호의 핵심으로 간주된다.

많은 한국 간호사들에게 있어 영어는 두 번째 혹은 세 번째 언어라는 점을 잊지 말아야 한다. 특히 긴박하고 각별한 주의가 요구되는 의료환경에서 외국어로 소통하는 것은 스스로를 위축되게 만들고 피로감이 들게 만들 수 있다. 환자가 예상치 못한 질문을 하거나 본인이 실수할 것 같아 걱정될 때 위축되고 영어로 말하기를 망설이는 것은 이해한다. 그러나 다른 기술과 마찬가지로, 영어도 많이 사용할수록 자신감 늘고 유창해진다. 효과적이고 유창한 의사소통 능력은 개인의 전문성을 높일 뿐 아니라 안전하고 편안한 간호에 있어 꼭 필요한 핵심역량이다. 환자와의 짧은 대화도 환자의 진료 경험에 크게 영향을 준다.

따라서 환자와 상호작용할 때는 단순히 업무 완료에 집중하기보다, 그 업무의 목적이 무엇인지, 환자가 무엇을 이해해야 하는지, 이를 어떻게 효과적으로 전달할지 등을 의식적으로 고려하는 것이 도움이 된다. 환자가 이미 알고 있을 거라고 생각되더라도, 시간을 내어 자신을 소개하고 간단하고 명확한 설명을 제공하는 것이 중요하다. 나는 특히 퇴원 시 '티치백(teach-back)' 기법을 즐겨 사용하는데, 이는 약 복용법이나 처치 절차 같은 내용을 설명한 뒤, 환자에게 직접 다시 설명해보게 하여 환자가 치료 과정을 명확히 이해하였는지 확인하는 방식이다. 이 기법은 환자를 시험하는 것이 아니라 환자의 이해 여부를 확인하기 위한 것이다. 또한 "어떤 점이 걱정되세요?"나 "오늘 집에 가는 데 기분이 어떠신가요?" 같은 개방형 질문을 던지는 것도 작은 상호작용이지만 환자와의 신뢰를 쌓는 데 큰 도움이 된다.

한국 간호사들은 근면함과 뛰어난 적응력, 탄탄한 임상 역량을 갖추고 있다. 중요한 것은 '빨리빨리' 정신을 버리는 것이 아니라, 상황에 맞춰 세심하게 자신의 역량을 제어하는 것이다. 목표는 느림이 아니라 '의도된 속도'이다. 미국 병원, 특히 응급실처럼 숨 가쁜 현장에서도 효율은 여전히 중요하지만, 명확성이 담보되지 않은 속도는 결과를 악화시킬 수 있다. 일을 급히 끝내려 하거나 환자를 돌봄 과정에 적극적으로 참여시키지 않으면, 환자는 혼란함과 불안감, 불만 등을 느낄 수 있다. 반대로 환자가 존중받고 참여하고 있다고 느끼면 치료 계획을 더 잘 따르고 결과도 좋아지는 경향이 있다. 다음의 조언들을 기억하면 도움이 될 수 있다.

1. 적극적으로 경청하기. 특히 불안하거나 치료에 확신이 없는 환자에게는 시선을 맞추고, 고개를 끄덕이며, 전적인 주의를 기울이고, 우려를 되짚어 확인해주기. 이는 환자 불안을 덜어줄 뿐 아니라 숨은 두려움이나 오해를 파악하는 데 도움이 된다.
2. 경험 많은 선임 미국 간호사들의 소통 방식을 관찰하기. 그들이 절차를 설명하고, 환자의 질문에 답하며, 어떻게 환자가 치료과정에 참여할 수 있도록 공간을 마련하는지 유심히 살펴봐야 한다. 차분하고 인내심 있는 어조, 의료 전문용어 최소화, 환자 안위를 수시로 확인하는 모습 등을 본받아 자신만의 스타일로 녹여내면 환자, 선임과의 관계가 한층 더 공고해질 수 있다.

새로운 문화에 적응한다는 것은 정체성을 잃는 일이 아니라, 전문성에 새로운 기술을 더하는 과정이다. 시간이 지나면 효율과 공감을 모두 살리는 자신만의 리듬을 찾게 될 것이다. 이 과정 속에서 언제 속도를 높이고, 언제 숨 고르기를 해야 할지 자연스럽게 구분하게 된다. 그 과정에서 답답함이나 향수가 느껴지는 것은 당연하지만, 여러분의 연습량, 가치관, 적응력이 바로 강점임을 기억해야 한다. '빨리빨리' 정신에 의도적 돌봄을 더한다면, 문화적으로 유능할 뿐 아니라 진정으로 탁월한 간호사로 거듭날 수 있다.

PREFACE

Before you read the following chapter, I want to express my deep respect and admiration for Korean culture. As a second-generation Korean American, I recognize the immense value of Korean customs, communication styles, and social structures that have shaped our identities and guided our interactions both personally and professionally. The Korean emphasis on respect, humility, hard work, and harmony has contributed greatly to the success of countless Korean nurses around the world, including myself, and it continues to be a source of pride for many of us in the healthcare field.

The purpose of these articles is not to judge or diminish Korean cultural practices, but rather to offer guidance for Korean nurses transitioning into the American healthcare environment. The recommendations provided are meant to help navigate cultural differences that may arise in U.S. hospitals and clinics. By understanding and adapting to these differences - while still honoring the values we hold dear - I believe we can become even more efficient, confident, and compassionate nurses. My hope is that these insights will ease the cultural adjustment process and support our success as healthcare professionals in a diverse and dynamic system.

"빨리, 빨리" NO! NO!

Growing up in a Korean household, the phrase 빨리 빨리, meaning "hurry, hurry", was a way of life. Whether we were eating breakfast, finishing homework, or walking through a crowded area, there was an ever-present urgency, a silent push to move quickly, efficiently, and without delay. For many Koreans, this mindset is not simply about speed, but about duty, excellence, and keeping up with the demands of a fast-paced society. However, when transitioning into the American nursing workforce, this deeply ingrained sense of urgency can sometimes clash with a very different set of expectations, ones that value slower, more thorough communication, patient participation, and deliberate care planning. In the Korean context, a nurse might be praised for completing tasks quickly and with minimal fuss. In contrast, an American nurse may be recognized for taking time to listen, explain, and engage the patient in shared decision-making, even if it takes longer. It is important to keep in mind that there are some patients who prefer tasks to be completed quickly with minimal nurse-patient interaction, but many are accustomed to the way American nurses interact with patients.

The 빨리 빨리 culture in Korea evolved for many reasons, one of which was due to the history of rapid industrialization and national recovery. Following war, colonization, and political upheaval, South Korea experienced explosive growth in a short span of time. This momentum bled into every aspect of life, creating a cultural norm of speed and efficiency. In Korean workplaces, being fast and responsive is associated with being competent, respectful of others' time, and dedicated to one's role. This urgency was also reinforced in Korean healthcare settings, where hierarchy and task completion are central. Nurses are expected to perform quickly, without extensive questioning or prolonged interactions with patients. Asking questions might be seen as wasting time or even challenging authority. Communication tends to be top-down, with instructions given by providers and carried out by nurses with minimal discussion.

In contrast, the American healthcare model encourages a more deliberative process. Nurses are trained to provide explanations to patients, obtain informed consent, assess patient understanding, provide patient education, and often work within interdisciplinary teams that prioritize dialogue. Here, efficiency is still valued, but acting too quickly without a full assessment, patient education, or clarification of orders can be perceived as reckless. Nurses are expected to slow down when necessary to prevent errors, engage patients in shared decision-making, and ask clarifying questions if something seems unclear. This cultural shift can be jarring for Korean nurses who are used to being praised for how much they can do in a short amount of time.

Many Korean nurses transitioning to American hospitals express frustration when they are told to "take their time" or "make sure the patient understands". Some worry that they appear inefficient or unmotivated when they spend time explaining discharge instructions or reviewing medication side effects. Conversely, American colleagues may misinterpret a Korean nurse's brisk pace as coldness or inattentiveness. One Korean nurse shared that in her first job in the U.S., she completed all her morning medication rounds in record time but received feedback from her preceptor that she needed to "slow down and talk more with the patients", which led to confusion. After all, wasn't she doing her job well? It wasn't until later that she understood that building rapport, explaining care, and listening to patients were considered just as important to the healing process as giving medications on time.

American patients are often encouraged to take an active role in their own care. They expect to ask questions, receive detailed explanations, and express preferences. This is not viewed as questioning medical authority, but as exercising their right to informed care. Patients are seen as partners in the healthcare process, not passive recipients. They may want to understand the rationale behind medications, be involved in treatment choices, and share concerns or personal preferences that might affect care. This approach is rooted in the principle of autonomy and is supported by both legal and ethical standards in American healthcare. Informed consent, patient rights, and shared decision-making are not just ideals; they are standard practices. Nurses serve as patient advocates, educators, and communicators, not just task-doers. Encouraging questions and respecting patient preferences are seen as critical components of high-quality care.

It is important to acknowledge that for many Korean nurses, English is a second or third language. Communicating in a second language, especially in a high-stakes, fast-paced hospital environment, can feel intimidating and exhausting. It is understandable to feel hesitant or discouraged from speaking up, particularly when patients ask unexpected questions or when you worry about making mistakes. However, just like any other skill, communication improves with practice. The more you speak, the more confident and fluent you will become. Being able to communicate effectively with patients is not only a professional expectation, it is a cornerstone of safe, compassionate care. Even short conversations can make a big difference in how a patient experiences their care.

In this context, it may be helpful to consciously shift your approach to interacting with patients. Instead of focusing solely on task completion, consider the purpose of the task, what the patient needs to understand, and how you can communicate this task effectively to the patient. Additionally, it is important to take time to introduce yourself to patients and offer simple, clear explanations, even if you think they already know what's going on. One technique I like using with my patients to ensure they understand what I've explained, especially at discharge, is the "teach-back" method. Teach-back is a communication strategy where, after you explain something to a patient, such as medication instructions or care procedures, you ask them to repeat the information back to you in their own words. This technique is not meant to quiz or test the patient, but to confirm your teaching was clear and that the patient understands what was discussed. Another helpful approach is to ask open-ended questions, such as "what concerns do you have about ____?" or "How are you feeling about going home today?", as these small interactions can help build trust with your patient.

Korean nurses bring an incredible work ethic, adaptability, and strong clinical skills. The key is not to abandon the 빨리 빨리 mindset altogether, but to adapt it. The goal isn't to be slow, it is to be intentional. Efficiency still matters in American hospitals, especially in fast-paced units like the emergency room, but speed without clarity can lead to poorer patient outcomes. Nurses who rush through tasks or fail to engage patients in their care may inadvertently leave patients confused, anxious, or dissatisfied. On the other hand, when patients feel heard and involved, they are more likely to adhere to treatment plans and experience better outcomes. Here are some tips to keep in mind:

1. Practice active listening, especially with patients who appear anxious or unsure about their care. This means giving them your undivided attention, maintaining eye contact, nodding to show you are engaged, and repeating back some of their concerns to confirm you understood them correctly. Active listening not only helps reduce patient anxiety but also allows you to pick up on subtle cues about their fears or misunderstandings.
1. Watch how experienced American nurses interact with patients and take note of their communication styles. Observe how they explain procedures, address questions, and create space for patient participation. You might notice that many experienced nurses use a calm, patient tone, avoid medical jargon, and frequently check in with the patient to ensure they are comfortable and informed. Mimicking these behaviors and adapting them to your style can help you build stronger relationships with patients and colleagues alike.

Adapting to a new cultural environment is not about losing your identity, it is about adding new skills to your professional toolbox. With time, you will find a rhythm that allows you to work both efficiently and empathetically. You will learn when it is okay to move quickly and when to slow down. This process takes patience and self-compassion. It is normal to feel frustrated or even homesick for the work culture you are used to. But remember: your training, your values, and your adaptability are your strengths. By learning to balance the "빨리 빨리" mindset with intentional care, you will become not only a culturally competent nurse but a deeply effective one.

나이보다 조직 내 직급이 먼저!

　한국 문화에서는 나이와 연공서열 따른 위계가 인간관계 전반, 특히 직장 내 상호작용에 깊이 뿌리내려 있다. 나이와 재직 연수가 '누가 먼저 말하고, 누가 이끌며, 누가 따르고, 누가 결정하는지'를 가르는 기준이 되곤 한다. 이는 단순한 조직구조를 넘어 일상적 소통 방식까지 규정하는 사회적 규범이다. 나이는 곧 사회적 지위를 나타내며, 젊은 사람은 윗사람에게 존댓말을 쓰고, 정면으로 반박하거나 맞서는 일을 삼가야 한다고 배운다. 우리는 어른을 공경하고 어른에게 도전하지 않도록 교육받아 왔기에, 연장자에게 지시를 내리는 것이 어색하거나 심지어 잘못된 일처럼 느껴질 때도 있다. 이러한 문화적 틀은 조화와 존중을 이루는 데 기여하지만, 영미 문화권에서는 오히려 걸림돌이 되기도 한다.

　미국 간호 문화는 평등주의와 능력주의를 강조한다. 권위는 나이가 아니라 경험·자격·입증된 리더십에서 비롯된다. 젊은 주임 간호사(Charge Nurse)나 새내기 전문 간호사(Nurse Practitioner)가 자신보다 훨씬 나이 많은 팀원을 지휘하는 일이 낯설지 않은 일이다. 미국에서는 젊다고, 더 어리다고 리더의 권리나 책임이 줄어들지 않다. 나이에 관계 없이 상호존중이 기본값이며, 젊은 상사가 피드백을 주거나 프로젝트를 주도한다고 해서 건방지다 여기지 않는다. 오히려 전문성과 자신감을 바탕으로 한 리더십을 당연시하고 존중한다.

    나 또한 다양한 연령으로 구성된 간호사 팀을 감독하면서 이 문화적 차이를 실감했다. 특히 나보다 열 살 정도 연장자인 한국 신입 간호사와 처음 대면했을 때, 첫 대면부터 이런 미묘한 긴장감을 느꼈다. 그 간호사는 나에게 반말 섞인 말투로 지시하듯 이야기했고, 내가 차팅(Charting) 시간을 상기시키거나 부드럽게 피드백을 건네면 눈에 띄게 짜증 내곤 했다. 처음엔 내가 너무 강하게 말했나 싶어 어조를 낮추고, 표현을 완화하며, 더 따뜻하게 다가가 보았으나 반응은 달라지지 않았다. 비슷한 내용을 한국인이 아닌 다른 젊은 감독자가 전했을 때 그가 이를 차분히 수용하는 것을 본 순간, 한국이 아닌 미국 의료 시스템 안에서 우린 우리 스스로가 지닌 한국적 기대치를 같은 다른 한국인에게 계속해서 투사하고 있다는 사실을 깨달았다.

    이번 경험을 곱씹으면서, 때론 한국인에 대한 문화적 기대치가 새로운 직장과 환경에 적응하는 데 큰 장애물이 될 수 있음을 깨달았다. 그런 의미에서 미국으로 진출하려는 한국인 간호사분들께 도움이 될 만한 몇 가지 생각을 나누고자 한다. 문화적 정체성과 직업적 책임 사이에서 균형 잡을 때, 다음과 같은 점들을 참고해

보면 좋을 듯하다.

1. 존중은 중요하지만, 직무의 책임보다 우선시되어서는 안 된다. 어른을 공경하는 전통은 계속 지키되, 병원에서는 환자 안전이 최우선이다. 진정한 존중은 불편한 메시지도 분명히 전달하고, 전문성을 유지하되, 책임감 있게 행동하는 데서 드러난다.
2. 피드백은 결코 무례가 아니다. 오히려 안전하고 효과적인 환자 돌봄을 위해 반드시 필요한 절차이다. 한국 문화에서는 특히 자신보다 연장자나 선배의 실수를 지적하는 행위가 무례하거나 버릇없다고 배워 왔다. 아무리 부드럽게 표현하더라도 피드백은 상대의 체면을 깎거나 무능력을 암시하는 것으로 해석될 수 있기에, 많은 한국인 전문가들은 개선점이 보이더라도 침묵하거나 에둘러 암시하는 편을 택한다. 그러나 미국에서는 건설적인 피드백을 무례로 여기지 않으며, 팀 기능과 환자 서비스를 지속적으로 향상시키기 위한 협업과정으로 받아들인다. 다시 말해 간호사들은 환자들의 치료뿐만 아니라 팀 내 업무 개선에도 적극적으로 임해야 한다는 것이다. 미국 의료 시스템에서 관리자와 팀 리더는 간호 표준이 충족되지 않을 때 반드시 피드백을 제공해야 하며, 신입 간호사에게도 문제가 보이면 목소리를 내고 팀에 우려를 제기할 책임이 있음을 가르친다. 미국 직장에서 피드백을 적절히 전달하려면 어조와 의도가 매우 중요하다. 피드백의 내용이 구체적이고, 존중을 담으며, 개인

의 성격이 아닌 간호의 질이나 업무 흐름 개선, 환자 안전에 초점을 맞춘 것이라면 대체로 긍정적으로 받아들여진다. 한편, 미국 동료와 상사들은 긍정적이든 수정적이든 피드백을 수시로 주고받는 데 주저하지 않는다. 이는 당신을 싫어하거나 당신의 능력을 낮게 평가해서가 아니라, 협업의 일환으로 문제를 함께 해결하자는 뜻이다. 피드백은 대립이 아닌 '협력'의 수단이다.
3. 문화적 기대를 동료 한국인에게 무심코 투사할 수 있다. 같은 한국인 동료에게 특별히 더 엄격하거나 관대하게 반응하고 있지 않은지 돌아봐야 한다. 모든 팀원이 동일한 문화 규범을 공유하지 않는다는 점을 인식하면, 보다 공정하고 유연하게 소통할 수 있다.
4. 한국적 가치는 새로운 방식으로 실천할 수 있다. 적응은 정체성을 지우는 과정이 아니라, 현재 환경에 맞는 방식을 배우고 존중하는 일이다. 따뜻한 말투, 사려 깊은 설명, 겸손한 태도로도 역시 한국인의 미덕을 잘 보여줄 수 있다.

이 적응 과정은 때로 불편하고 외로울 수 있지만, 스스로를 돌아보고 열린 마음을 유지한다면, 문화적 뿌리와 전문적 성장 두 가지 모두를 지킬 수 있다.

나이보다 조직 내 직급이 먼저!

In Korean culture, hierarchy is deeply embedded in the way people interact, especially in professional settings. Age and tenure often determine who speaks first, who leads, who follows, and who makes decisions. The concept of hierarchy is not merely a workplace structure but a societal norm that influences daily interactions. Age is a primary determinant of social status. Younger individuals are expected to show deference to their elders, often addressing them with honorifics and avoiding direct confrontation or disagreement. We are raised to honor our elders and to refrain from challenging them. The ingrained respect runs deep, and for many of us, it can feel unnatural - or even wrong - to give direction to someone older than us. This cultural framework can lead to harmony and respect but can also lead to challenges when applied in different cultural contexts.

In contrast, American nursing culture emphasizes egalitarianism and meritocracy. Authority is typically earned through experience, credentials, and demonstrated leadership - not age. A young charge nurse or new nurse practitioner might be tasked with directing a team that includes much older staff members. In the United States, being younger does not necessarily diminish one's right or responsibility to lead. American nurses are generally more accustomed to egalitarian work environments, where mutual respect is expected regardless of age. A younger supervisor is not inherently seen as presumptuous or arrogant simply because they give feedback or lead initiatives; rather, leadership is expected and respected when carried out with professionalism and confidence.

This cultural difference was apparent when I had a supervisory role at a hospital where I was overseeing a group of nurses, some of who were older Korean nurses. While I had years of experience and a solid understanding of the hospital's workflow, I knew that stepping into a leadership position among a diverse team would come with its own learning curve. One of the newly-hired nurses on my team was a Korean nurse who was about ten years older than I was, and from our very first interactions, I could sense that she expected me to operate by Korean standards. When she addressed me, it was with informal speech, and her tone was often directive, sometimes dismissive. When I gave her reminders about timely charting or gently offered feedback, she would become visibly irate or curt. At first, I thought maybe I had come across too strongly. I adjusted my tone, softened my words, and tried to show extra warmth and humility. But her resistance remained. What surprised me most was that when another young supervisor of a different ethnicity offered similar guidance, she accepted it calmly. That moment taught me an important lesson: sometimes, we may unintentionally project our cultural expectations onto fellow Koreans, even when we are working in a system that operates differently.

Reflecting on this experience, I began to realize how these cultural expectations - ones I had internalized myself - can create real challenges when working in a different professional environment. I want to share some reflections that may help other Korean nurses who are preparing to work in the United States. Here are some guiding thoughts to consider as you navigate the balance between your cultural identity and your professional responsibilities:

1. Respect is important, but don't let it override your professional responsibilities. You can, and should, continue to honor your elders, but in the hospital, patient care must come first. Respect in a hospital is shown through professionalism, accountability, and a willingness to communicate clearly - even when the message is uncomfortable.
2. Giving feedback is not a sign of disrespect. In fact, it is a core part of delivering safe and effective patient care. In Korean culture, we are often taught that pointing out mistakes - especially to someone older or more senior - is

disrespectful or even rude. Offering correction, no matter how gently phrased, can be interpreted as challenging someone's dignity or implying they are incompetent. Because of this, many Korean professionals may hesitate to speak up when they notice an error or an opportunity for improvement. It may feel safer and more respectful to stay silent or to hint indirectly. In American settings, offering constructive feedback is not considered rude. Rather than being seen as confrontational, it is viewed as part of a continuous effort to improve team functioning and patient outcomes. Nurses are expected to advocate not only for patients but for best practices within their teams. In the U.S. healthcare system, supervisors and team leaders are required to provide feedback when standards of care are not met. Even newer nurses are often taught that they have a voice and responsibility to raise concerns when something does not look right. To offer feedback appropriately in the American workplace, tone and intention matter greatly. If the feedback is specific, respectful, and focused on patient care or workflow improvement - not about the nurse's personality - it is usually received well. You may also find that American coworkers and supervisors regularly give you positive and/or corrective feedback without hesitation. This doesn't mean they dislike you or think poorly of your

skills. Again, feedback is not a confrontation, it is a means of collaboration.
3. Cultural expectations may be unintentionally projected onto fellow Koreans. It is natural to feel a pull toward familiar customs, especially when working with someone who shares your background. But it is helpful to be aware of when these expectations may not align with the standards of your workplace. If you find yourself responding differently to Korean coworkers than to others, take a moment to reflect on whether cultural expectations might be unintentionally affecting your reactions.
4. You can still embody Korean values in meaningful ways. Adaptation does not mean erasing who you are and your cultural upbringing. It means learning how to show respect in ways that are relevant to your current environment. A kind tone, thoughtful communication, and quiet humility can all reflect your heritage, even as you uphold American workplace standards.

This process of adjustment isn't always comfortable. In fact, it can feel quite lonely at times, especially if you are navigating it without much guidance. But with awareness and openness, you can find a path forward that honors both your cultural roots and your professional growth.

한국식 '눈치껏'은 때론 통하지 않는다

　한국에서 사회적 조화는 무엇보다 중요하다. 어릴 때부터 우리는 주변 사람들의 감정을 세심히 살피고, 말을 꺼내거나 행동하기 전에 분위기를 읽고 말하도록 훈련을 받는다. 이러한 능력, 즉 눈치는 한국 사회에서 원활히 살아가기 위한 필수 기술이지만, 미국 병원에서 간호사로 일할 때는 오히려 역효과를 불러일으킬 수 있다. 눈치에 지나치게 의존하면 오히려 오해를 낳고, 기회를 놓치거나 갈등을 초래할 위험도 있다. 미국 직장, 특히 병원 조직은 간호사의 조용한 직감보다는 직설적인 소통능력, 주도성, 명확성을 더 높게 평가한다. 그렇다고 한국인 간호사가 눈치를 완전히 버려야 한다는 뜻은 아니다. 상황에 맞게 잘 활용하면 눈치도 개인의 강력한 자산이 될 수 있다.

　한국에서는 의사의 요구를 미리 파악한다든지, 동료가 벅차 보이는 순간을 눈치채 돕는다든지, 암묵적 기대를 이해해 부드럽게 맞춰주는 간호사가 칭찬받는다. 눈치는 불필요한 대립이나 장황한 대화를 없이도 팀워크를 매끄럽게 만들어 준다. 그러나 이러한 '암묵적 규칙'에는 모두가 같은 문화를 공유한다는 전제가 깔려 있다. 미국처럼 개인주의가 강한 문화에서는 이 전제가 통하지 않는다. 미국인은 자신의 필요를 직접 표현하도록 교육받기 때문에, 누군가가 눈치껏 알아주기를 기다렸다가는 영영 도움을 받지 못할 수 있다. 예컨대 과중한 업무에 눌려 있는데도 이에 대한 피드백 없이 상사가 알아주길 기다린다면, 오히려 "문제없이 잘하고 있구나"라고 오해받을 수 있다. 따라서 눈치가 여전히 유용하더라도, 미국 병원에서는 반드시 직설적이고 개방적인 의사소통과 균형을 맞춰 사용해야 한다.

몇 해 전, 이 차이를 명확히 보여주는 예시를 들은 적이 있다. 금발 머리에 푸른 눈을 가진 노스캐롤라이나 출신의 한 간호사는 동아시아 문화에 깊은 관심을 갖고 있었는데, 그녀는 "아시아에서 태어난 친구들과 소통할 때 가장 어려운 점이 그들의 간접적인 표현을 이해하는 것"이라고 털어놓았다. 그녀는 "어느 날 한국인 친구와 야외 카페에 앉아 있는데, 그 친구가 '바람이 정말 세다'고 하길래 단순한 날씨 얘기인 줄 알고 '응, 정말 세네'라고 대답했어요. 그런데 삼십 분쯤 지나서 친구가 사실은 '추우니 안으로 들어가자'는 뜻이었다고 알려줬어요. 저는 필요한 걸 그대로 말하는 데 익숙해서 그 속뜻을 전혀 몰랐죠"라며 웃어 보였다.

그녀의 이야기는, 미국의 '직접적 표현'과 한국인의 '간접적 힌트' 사이 문화적 간극을 단번에 보여준다. 한국에서는 완곡한 암시가 예의로 통하지만, 미국에서는 필요를 명확히 밝히는 것이 전문적이고 책임감 있는 태도라고 받아들여진다. 그래서 한국 간호사가 과중한 환자 담당으로 힘들어도 조용히 버티기만 한다면, 동료들은 "일을 잘 처리하고 있나 보다"라고만 생각할 수 있다. 반대로 처치 지시가 모호할 때 모호한 점에 대해 간호사가 바로 질문하지 않으면, 오히려 전문성이 부족하다고 여겨질 수도 있다.

휴식 시간도 마찬가지이다. 한국에서는 동료의 눈치를 살피며 "아직 아침도 못 먹었더니 배고프네" 같은 간접적인 표현으로 휴식의 필요성을 암시하곤 한다. 그러나 미국 병원에서는 "저 잠시 쉬어야 하는데, 환자 좀 봐주실 수 있나요?"라고 분명히 말하지 않으면, 아무도 그 뉘앙스를 알아차리지 못한 채 자기 일로 돌아갈 가능성이 높다. 이는 미국인들이 무심해서가 아니라, 그들이 직접적인 요청에 대응하도록 학습되어 있기 때문이다.

미국 병원 시스템에서는 '직설적 표현'을 무례하다고 여기지 않는다. 자신뿐만 아니라 동료와 환자를 위해 명확히 질문을 던지고, 우려를 표하고, 필요한 사항을 분명히 말하는 것은 팀의 일원으로서 당연히 해야하는 역할이며 환자를 돌보는 데 꼭 필요한 역량으로 간주된다. 그렇다고 한국식 눈치가 미국 병원에서 무용지물인 것은 아니다. 현명하게 활용하면 대단히 강력한 무기가 된다. 눈치는 다른 사람이 알아채지 못한 세세한 변화를 포착하게 해준다. 예컨대, 아무 말 없지만 과부하에 시달리는 동료의 표정, 활력 징후는 정상이지만 불안해 보이는 환자의 분위기, 혹은 의사의 말투가 미묘하게 바뀌며 드러나는 초조함 등을 감지할 수 있다. 이러한 통찰력은 간호사로서 공감 능력을 높여주고, 팀워크를 강화하는 데 큰 도움이 된다. 관건은 눈치로 상황을 파악한 뒤 어떻게 행동하느냐이다. 한국이라면 조용히 행동을 바꾸는 것만으로도 충분할지 모르지만, 미국에서는 문제를 파악한 뒤 반드시 말로 해결책과 함께 문제를 제기해야 한다. 즉, 눈치는 숨은 문제를 알려주는 '레이더'가 되고, 직접적 의사소통은 그 문제를 해결하는 '도구'가 된다.

많은 한국인 간호사들은 직설적으로 말하는 것이 공격적으로 비칠까 걱정한다. 한국에서는 직설이 무례로 비칠 수 있지만, 미국에서는 무례와 주장이 구별된다. 명확하게 의사를 밝히는 것은 일을 올바르게 처리하려는 책임감의 표현이므로 권장된다. 물론 새로운 소통 방식을 익히려면 시간과 연습이 필요하다. 처음에는 어색하고 불편할 수 있지만, 작은 실천에서부터 시작해 볼 수 있다. 도움이 필요할 때 명확히 요청하기, 이해되지 않는 지시는 즉시 확인하기, 회의에서 간단하고 깔끔한 의견 제시하기 등을 통해 점차 자연스러워질 수 있다. 동시에 미국인 동료들이 어떻게 질문하고, 존중을 잃지 않으면서 의견 조율을 하거나 도움을 제안하는지 관찰하다 보면, 금방 미국식 소통 리듬을 익힐 수 있다.

결국, 미국 병원에서 성공하기 위해 한국의 정체성을 버릴 필요는 없다. 그저 새로운 스킬을 익힐 뿐이다. 이러한 성장 과정을 통해 비로소 문화적·언어적으로 2개국어 사용자(Bilingual)가 되는 것이다. 언제 눈치를 사용하고, 언제 목소리를 내야 하는지 구분하는 능력을 기르는 것이다. 타인의 감정을 민감하게 읽어내는 한국적 섬세함과, 명확한 의사 표현을 중시하는 미국식 소통을 조화롭게 결합할 때, 공감과 효율을 겸비한 탁월한 간호사로 거듭날 수 있다. 좋은 눈치는 선천적 재능이고, 분명한 표현은 후천적 기술이다. 두 가지를 함께 사용할 때, 어느 병원에서나 환자가 믿고 의지할 수 있는 이상적인 간호사가 될 것이다.

한국식 '눈치껏'은 때론 통하지 않는다

Social harmony is paramount in Korea. From a young age, Koreans are taught to be highly attuned to others' feelings, reading the room carefully before speaking or acting. This skill, 눈치, is needed to participate in Korean society. However, the delicate art of 눈치 is not always helpful as a nurse working in American hospitals. In fact, relying too much on 눈치 can cause misunderstandings, missed opportunities, and even conflicts. American workplaces, especially hospitals, value direct communication, assertiveness, and clarity over silent intuition. However, this does not mean Korean nurses should abandon their 눈치 completely. When used appropriately, 눈치 can still be a powerful asset in American hospital settings.

In Korea, a nurse who can anticipate a doctor's needs, sense when a coworker is overwhelmed, or understands unspoken expectations is highly respected. 눈치 allows for smooth teamwork without the need for confrontation or explicit conversation. However, this reliance on subtlety assumes that everyone shares the same unspoken rules and values. In the United States, however, this assumption does not hold. American culture is highly individualistic, and people are taught to express their needs openly rather than expect others to guess them. If you are waiting quickly for someone to notice you are overwhelmed, you may wait forever. If you expect your manager to notice that you are struggling without saying anything, you may end up misunderstood as being "fine" or even "disengaged". While 눈치 remains valuable, it must be balanced with direct, open communication in American hospital settings.

One conversation I had with a colleague a few years ago made this especially clear to me. She was a blonde-haired, blue-eyed RN from North Carolina who had a deep fascination with East Asian culture. As we talked about communication styles, she shared that one of the challenges she faced when working with or befriending East Asians born in Asia was adjusting to their use of indirect communication, since she was so accustomed to directness. She recalled, "One time, my Korean-born friend and I were having coffee outside, and she said, 'Wow, the wind is really strong today.' I thought she was just making a comment about the weather, so I replied, 'Yeah, it's pretty strong.' But about thirty minutes later, she told me that she was actually trying to say she was cold and wanted to go inside. I'm used to people telling me exactly what they need, so I had no idea what she really meant by that statement". She added, laughing, "I'm used to people just saying, 'I'm cold. Let's go inside'.

Her story perfectly captured the cultural gap between direct communication, which is the American norm, and indirect communication, which many Koreans naturally use. In Korea, subtle hints are seen as polite, and stating your needs too bluntly can be considered rude or selfish. In America, though, clear expression is seen as professional, responsible, and respectful. As such, this cultural difference can potentially cause problems in the hospital setting. American colleagues may misinterpret a Korean nurse's silence or indirect statements. If a Korean nurse struggles with an overwhelming patient load but waits quietly for someone to notice and offer help, they may be seen as "handling it fine" rather than as someone who needs support. American coworkers may expect that if you need help, you will ask for it. If a nurse is unsure about a hospital order, the nurse is expected to speak up immediately and ask for clarification, not hesitate silently.

Another situation I've seen in the hospital involves taking breaks. In Korea, where group harmony is prioritized, a nurse who needs a break might hint indirectly rather than make a direct request. For example, a Korean nurse might say, "I haven't even had breakfast yet", hoping that a coworker will understand and offer to watch her patients while she takes a break. However, in American hospitals, unless you clearly state, "Can you cover me while I take my break?", some coworkers may simply nod sympathetically and move on with their own tasks, not realizing that you actually need help. Again, indirect hints may be missed, not because Americans are insensitive, but because they are trained to respond to direct communication.

It is important to understand that in the American hospital system, directness is not considered rude. Asking questions, voicing concerns, and expressing needs are all viewed as part of being a good team member and providing the safest care for patients. Being able to advocate clearly for yourself, your colleagues, and your patients is appropriate. That said, I believe that Korean 눈치 can still be incredibly valuable in American hospitals if used wisely. 눈치 helps you pick up on things that others might miss. You may notice when a coworker looks overwhelmed but hasn't said anything yet. You may sense that a patient is anxious even if their vital signs are stable. You may catch subtle shifts in a doctor's tone that signal frustration or urgency. These insights can make you a more empathetic nurse and a more supportive team player. The key is what you do after you notice something through 눈치. In Korea, you might respond silently, adjusting your behavior without saying a word. In America, after you notice something, you need to take action through words. In this way, 눈치 becomes the tool that alerts you to hidden problems, and direct communication becomes the tool that helps you solve them.

Many Korean nurses worry that being direct will make them seem aggressive. In Korea, directness can easily cross the line into perceived disrespect. But in the United States, it is possible - and expected - to be assertive without being rude. Expressing yourself clearly shows that you care about doing things right. Of course, learning a new communication style takes time and practice. In the beginning, it can feel uncomfortable or even unnatural. I recommend starting small; practice asking for help when you need it, clarify orders you don't fully understand, or make simple, clear statements during team meetings. Over time, it will become easier and will feel less forced. Also, observe how your American colleagues speak to each other. Notice how they ask questions, disagree respectfully, or offer help. You'll start to pick up the rhythm of American communication, just like you once learned to read the atmosphere back home.

Ultimately, you don't have to give up your Korean identity to succeed in American hospital. Instead, you are adding a new skill to your toolbox. You are becoming bilingual not only in language, but also in culture. You are learning when to trust your 눈치 and when to use your voice. In fact, by blending the best of both cultures - the Korean sensitivity to others' feelings and the American emphasis on clear communication - you can become an exceptional nurse, someone who is both empathetic and effective, intuitive, and articulate. Remember: having good 눈치 is a gift. Speaking up clearly is a skill. When you use both together, you become the kind of nurse every hospital wants, and every patient needs.

2부.
성공을 낳은 도전 정신

임영섭

BSN, RN
Email : lys0156@gmail.com

- 2014년 경복대학교 간호학사 취득
- 현 Centinela Hospital Medical Center 내과중환자실 RN 근무
- 현 캘리포니아 주방위군 Healthcare Specialist 복무
- 현 가정방문 간호사(RN) 병행 근무
- 현 남가주한인간호사협회 임원
- 전 LA 한인내과병원 outpatient RN 근무
- 전 삼성서울병원 심혈관촬영실 RN 근무
- 전 국제성모병원 응급실, 심혈관촬영실 RN 근무

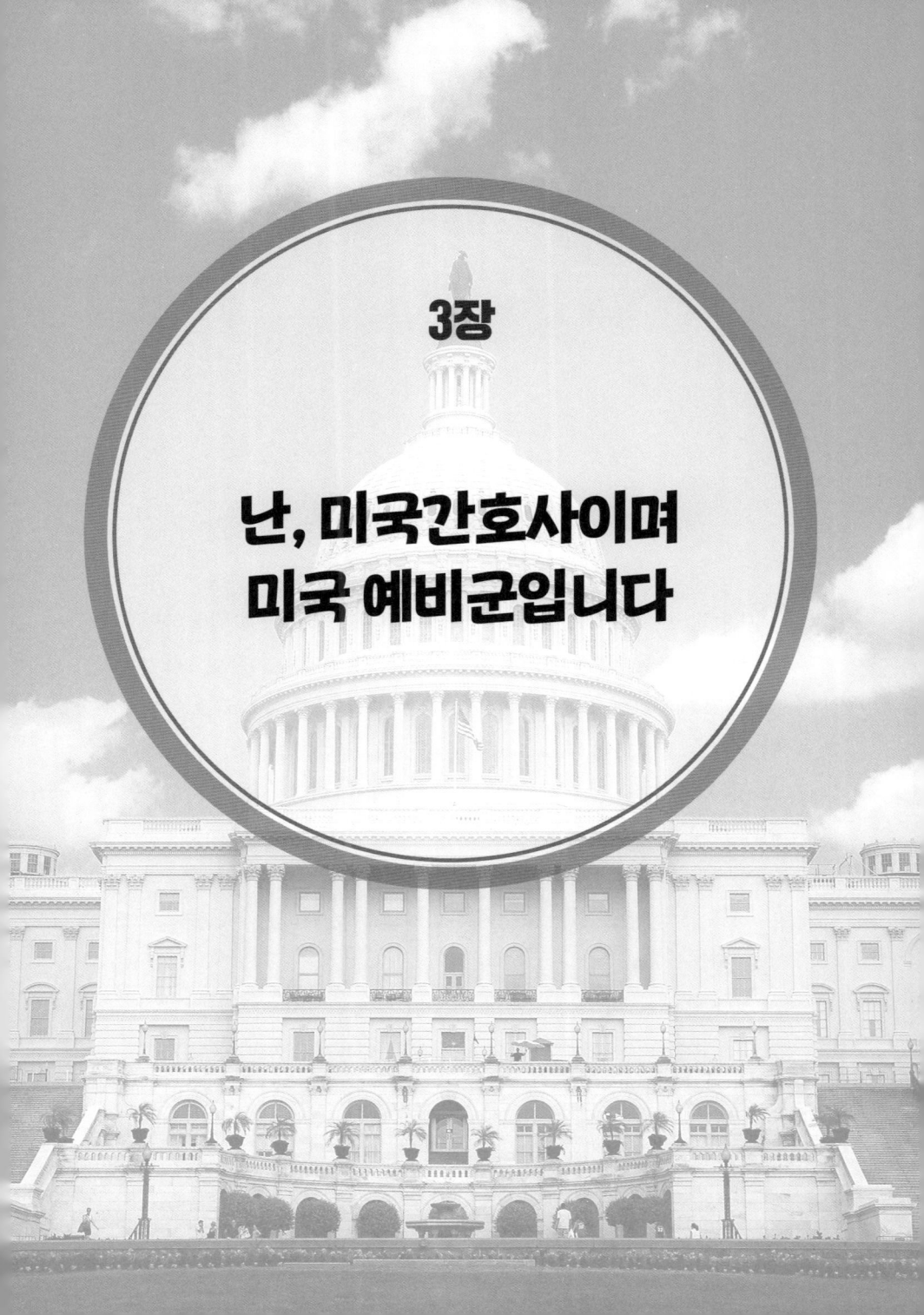

미국 면허로
간호 인생 2회 차

대학교 4학년. 대부분의 친구들이 국가고시 준비에 집중하던 그 시기, 나는 조금은 다른 방향을 바라보고 있었다. 4학년 1학기 초, 학교 게시판에 붙은 교육과학기술부 주관 국비 지원 글로벌 인턴십 프로그램 모집 공고가 눈에 들어왔다. 영화는 좋아하지만, 평소 영어와는 다소 거리가 있던 나는 그동안 미뤄왔던 영어 시험을 위해 토익 학원에 등록했고, 빠르게 점수를 만들어야 했다. 부담도 있었지만, 이상하게도 마음 한켠에서 '이번이 아니면 안 된다'는 강한 직감 같은 게 들었다. 그렇게 단기간의 집중 끝에, 운 좋게도 선발되었다.

선발 후에는 미국 뉴저지의 블룸필드 대학에서 1개월간 어학 교육을 받았고, 이어 뉴저지의 널싱홈과 뉴욕의 콜럼비아 대학병원 등에서 3개월 동안 실습할 기회를 얻게 되었다. 병원에서 직접 본 미국 간호사들의 모습은 내게 커다란 충격이자 깨달음이었다.

그들은 단지 환자를 돌보는 역할에 그치지 않고, 의료진의 일원으로서 의견을 당당하게 제시하고, 의사나 동료간호사들과 동등하게 소통하며 일하고 있었다. 그 모습은 내가 한국에서 실습하며 봐온 모습과는 분명하게 달랐다.

그 경험은 단지 한 번의 특별한 인턴십으로 끝나지 않았다. 한국으로 돌아온 후에도 내 머릿속에, 그리고 마음속에 강하게 남아 있었다. 막연한 동경이 아니라, '나도 언젠가 미국에서 멋진 간호사로 존중받으며 일하고 싶다'라는 바람이 되었다. 처음엔 그저 마음속 깊이 품은 꿈이었지만, 어느 순간 그것은 분명한 목표로 자리를 잡았다.

하지만 현실은 냉정했다. 졸업, 국가고시, 그리고 취업이라는 흐름은 피할 수 없었고, 나 역시 대부분의 간호사들처럼 한국 병원에 취직했다. 일하면서 좋은 부서로 옮기기도 했고, 더 나은 병원으로 이직도 했지만, 병원을 옮긴다고 해서 내 마음속의 답답함이 사라지진 않았다. 휴식 시간조차 확보되지 않는 근무 여건, 때때로 발생하는 불합리한 조직 문화, 위계가 강한 의료 시스템 속에서 반복되는 피로감과 무력감. 그런 날들이 계속되면서, 나는 마음속으로 점점 더 확신하게 되었다.

'이 길이 내 평생의 커리어라면, 지금이 방향을 틀어야 할 때다.'

사실 나는 대학교 시절부터 늘 상위권 성적을 유지하던 학생은 아니었다. 남들보다 두드러진 장점이 있었던 것도 아니고, 특별한 인맥이 있었던 것도 아니었다. 그저 중상위권을 유지하는 평범한 학생이었다. 하지만 그 평범함이 나에게는 오히려 간절함이 되었다. 남들보다 조금 더 나은 환경을, 내가 존중받을 수 있는 삶을 살고 싶었다.

그래서 첫 직장에 입사했던 시절에 등록만 해두고 미뤄두었던 NCLEX-RN 시험을 간호사 5년 차에야 나는 진지하게 마음을 다잡고 다시 꺼내 준비하기 시작했다.

새로운 병원에 입사해 새로운 시스템에 적응하느라 정신이 없었을 시기였다. 그 와중에도 나는 틈틈이 미국 간호사 면허시험 공부와 관련 정보를 찾아봤다. 간혹 주변 동료들로부터 '이제 입사한 시기에 무슨 미국 간호사 시험이냐'라는 반응을 듣기도 했다. 당연히 일도 열심히 했고, 책임도 다했지만, 내 꿈까지 소홀히 할 수는 없었다. 그때도 나는 믿었다. 고민만 하며 시간을 흘려보내기보다는, 일단 행동에 옮기는 것이 중요하다고.

퇴근 후에는 책상 앞에 앉아 공부를 시작했고, 주말에는 모의고사를 풀며 하루하루를 계획적으로 보냈다. 공부는 가능한 한 단순하게 접근하려 했다. 이미 간호학 이론은 학교에서 배웠고, 병동 경험으로 익숙해져 있었기 때문에 굳이 비싼 인터넷 강의를 다시 들을 필요는 없다고 판단했다. 그래서 Kaplan사의 미국 간호학생용 통합 요약서를 활용해 전체 이론을 빠르게 정리한 후, UWorld 문제와 기출문제를 매일 꾸준히 풀어갔다. 하루 75문제를 목표로 삼고, 오답 문제에 대한 해설까지 꼼꼼히 분석하며 감을 익히는 데에 집중했다.

공부한 지 3개월이 되던 시점, 나는 더 이상 시간을 끌지 않고 시험을 접수했다. 그 시기엔 한국 내에서 NCLEX 응시가 불가능했기에, 나는 일본 오사카로 시험을 보러 가게 되었다. 공항에 도착했을 때, 주위를 둘러보니 모두들 여행의 설렘으로 가득 차 있었지만, 나만은 어딘가 무거운 마음을 안고 있었다. 그 묵직함은 비행기 안에서도, 낯선 도시를 걷는 발걸음에서도 계속되었다. 오사카 거리의 화려한 불빛 속에서도 나는 집중 속에 홀로 긴장해 있었다.

이것이 정말 내 인생을 바꿔줄 시험이 될 수 있을까? 오사카 공항에 도착한 순간부터, 내 표정은 그 누구보다 진지했고, 승객들 사이에 섞여 있으면서도 혼자만의 전투를 치르고 있는 기분이었다. 호텔에 도착한 후에도 관광지를 찾아보고 싶었지만 책을 펴고, 마지막 복습을 하는 데 집중했다. 도시는 분명 낯설고 아름다웠지만, 내겐 그 모든 풍경이 모니터 뒤의 배경처럼 흐릿하게만 느껴졌다. 시험 당일 아침, 마음을 다잡기 위해 거울 앞에 서서 스스로를 바라봤다. 긴장된 얼굴, 다소 피곤한 눈빛. 그러나 동시에 어쩐지 낯익은 표정이었다. '그래, 나 자신을 믿자.' 그렇게 조용히 반복하며 시험장에 들어섰고, 모든 집중을 시험 문제 하나하나에 쏟아부었다.

시험이 끝나고 결과를 기다리던 그 며칠간은 특히 기억에 남는다. 해방감보다는 불안과 기대가 뒤섞인 채, '과연 내가 해냈을까?'라는 생각이 머릿속을 떠나지 않았다. 합격 통보를 받은 그 순간은 정말 잊을 수 없다. 단순한 '시험 합격'이 아닌, 내 삶의 무게를 견뎌낸 결과이자 새로운 출발선에 선 순간이었다. 그때 느꼈던 감정은 말로 다 표현할 수 없지만, 분명한 건 그 합격이 단순한 자격증 이상의 의미를 지녔다는 것이다. 이제는 '될 수도 있는 사람'이 아니라, 실제로 미국 간호사의 길에 한 발을 내디딘 사람이라는 것을….

NCLEX 면허를 따낸 그 후론, 내 커리어와 마인드는 완전히 새로운 궤도에 진입하게 되었다. 한국에서의 경험도 물론 소중했지만, 이 하나의 면허가 앞으로 내 삶을 어디까지 데려다줄 수 있을지 상상할수록 가슴이 벅찼다.

기존에 간호사로서 미국행을 많은 사람들이 궁금해한다.

"한국 간호사도 미국 간호사 면허를 딸 수 있어요?"

정답은 "Yes"다. 간호학 학위와 간호사 면허증만 있다면 누구든 NCLEX-RN 시험에 응시할 자격이 있다. 미국은 주별로 면허 발급 제도가 다르며, 나는 대부분의 한국 간호사처럼 상대적으로 서류 절차가 간단한 뉴욕주 보드(NYS Board of Nursing)를 선택했다. CGFNS 인증이 필요 없고, 서류만 잘 준비하면 비교적 수월하게 진행할 수 있는 장점이 있다. 타 주에 더 관심이 있다면 그 해당 주의 간호 보드 홈페이지에 접수 방법과 필요 서류에 대한 설명을 참고할 수 있다.

내가 진행했던 과정은 다음과 같다. 첫째, 영문 성적표와 졸업 증명서를 학교에 요청하여 뉴욕 보드로 직접 발송. 둘째, 한국 간호사 면허증 사본 및 면허 상태 증명서를 준비. 셋째, 뉴욕 보드 승인을 받은 뒤 Pearson VUE에서 시험 국가와 센터 확인 후 일정 예약. 마지막으로, NCLEX 시험 응시. 전체적인 소요 기간은 대략 6개월 정도였으며, 상황에 따라 다소 유동적일 수 있다.

이 글을 읽고 있는 당신에게 꼭 말하고 싶다. 망설이기만 하는 시간은 생각보다 빠르게 흘러간다. 나 역시 한때는 '이게 과연 될까?'라는 의구심 속에서 머뭇거렸지만, 결국 작은 시도가 모든 걸 바꿔 놓았다. 지금 당장 접수를 해보는 것, 하루에 문제 몇 개만 풀어보는 것, 영어로 서류를 직접 작성해보는 것. 그렇게 작게 시작한 행동이 모여 어느 순간 큰 전환점을 만들어 준다.

중요한 건, 시작한 사람만이 언젠가 기회를 잡는다는 사실이다. 그것은 단순한 운이라고 치부하기엔 더 복잡하고 복합적이라고 얘기하고 싶다.

그리고 지금의 나는, 그동안의 어려운 결정을 묵묵히 해낸 과거의 나에게 진심으로 대견하고 고맙게 느껴진다. 당시엔 확신이 없었지만, 지금은 그 길이 맞았다는 걸 누구보다 잘 안다. 이 길을 걷고자 하는 누군가가 있다면, 나는 말하고 싶다. "처음엔 불안해도 괜찮다. 충분히 흔들려도 된다. 그러나 그 발걸음을 멈추지 않는다면, 언젠가 분명 빛을 보게 될 것이다."

두 개의 유니폼, 두 개의 삶

드디어 영주권 스폰서를 통해 미국 간호사의 길을 본격적으로 걷게 되었다. 오랜 기다림과 복잡한 서류 절차 끝에 받은 영주권. 처음엔 안도감이 컸다. 드디어 미국에 정착할 수 있는 기회를 얻었다는 안정감, 그리고 해냈다는 성취감도 분명 있었다. 하지만 이상하게도, 생활은 크게 달라지지 않았다. 신분은 해결됐지만, 삶은 변하지 않았고, 그저 출근하고 퇴근하는 일상이 이어질 뿐이었다.

그때 생각했다. '이 소중한 기회를 신분 해결로만 끝내지 말자. 직접 변화를 만들어야 한다.' 그 목표가 바로 CRNA, 마취전문간호사가 되는 길이었다. 하지만 CRNA 과정은 박사 학위 과정이기 때문에 미국 내에서도 학비가 비싼 편으로 유명하다. 경제적 부담을 고민하던 중, 군 복무를 통한 장학금 지원 제도를 알게 되었고, 캘리포니아 주방위군(California Army National Guard)이라는 선택지를 알게 되었다.

주방위군이라는 개념 자체가 한국에서는 매우 생소할 수 있다. 한국의 병역 제도는 대부분이 일정 기간 의무적으로 군 복무를 해야 하는 형태지만, 미국의 주방위군(National Guard)은 각 주별로 소속되어 평상시에는 일반 직업을 가진 민간인으로 지내다가 연방 또는 주 정부의 요청에 따라 소집되는, 일종의 예비군 성격을 가진 군 조직이다.

원래는 내 커리어에 맞춰 간호장교로 입대하고 싶었다. 하지만 장교급은 미국 시민권이 필수 조건이었기에, 영주권을 막 받아 입대 신청을 한 내게는 불가능한 길이었다. 대신 가장 의료 전문성이 높은 Healthcare Specialist, 일명 메딕(의무병) 포지션이 그 당시 나에게 가장 현실적인 옵션이었다. 메딕은 단순히 환자를 돌보는 것을 넘어서, 응급처치, 구조, 전시 상황의 부상자 관리 등 다양한 임무를 수행할 수 있어야 하기에 전장에서의 응급 대응 능력을 테스트하는 강도 높은 실기 평가까지 훈련 기간 중 거쳐야 한다.

입대를 결심한 후, 가장 먼저 한 일은 리크루터(모병관)와의 상담이었다. 리크루터는 내가 어떤 조건으로 복무할 수 있는지, 어떤 직군이 적합한지를 평가해줬고, 그에 따라 MEPS(Military Entrance Processing Station)라는 입영처리소에서 ASVAB 시험(적성 검사)과 신체검사를 받게 되었다.

ASVAB 시험은 수학, 언어, 기초 과학 등 다양한 영역에서 기본 능력을 측정하는 시험이었고, 신체검사는 미국군 기준에 따라 과거 의료기록을 포함해 머리끝부터 발끝까지 항목별로 철저히 소속 의료진들과 함께 이른 새벽부터 반나절 동안 진행됐다. 이 모든 절차를 통과한 후, 리크루터와 함께 계약 기간과 병과(MOS)를 확정하게 되었다. 나는 그 과정에서 내가 가장 원하는 메딕(Healthcare Specialist) 포지션을 배정받을 수 있었고, 이것은 단순한 직업이 아닌, 나의 커리어와 인생 방향을 다시 설정해주는 결정이 되었다.

기초 군사 훈련은 10주간 오클라호마에서 진행되었고, 그 후에 의무병 보직 훈련은 텍사스주의 샌 안토니오에서 시작하였다. 기초 군사 훈련과 달리 의무병 훈련은 단순한 체력 훈련이 아니었다. 전시 상황을 가정해 눈앞에서 부상자가 발생했을 때, 부상자를 안전지대로 옮기고 치명적인 부상을 우선적으로 사정하고 처치하는 능력을 키우는 것이 훈련의 핵심이었다. 훈련 기간 내에도 이런 실기시험과 더불어 필기시험이 반복적으로 이어졌고, 만약 기준 미달이면 재시험을 거쳐야 했으며, 재시험에서도 통과하지 못하면 Recycle이라고 해서 모든 훈련을 처음부터 다시 받아야 했다. 이 시스템으로 인해 같은 훈련을 1년 이상 받고 있는 동료 훈련병도 있었다. 그렇게 되면 복무 기간도 자동으로 연장된다. 이런 시스템 덕분에 매 순간이 긴장감의 연속이었고, 정말 열심히 공부하며 훈련에 임했다. 실기 훈련 중에는 머리부터 발끝까지 장비를 착용한 상태에서 몇 분 안에 환자 상태를 평가하고 조치를 취하는 시뮬레이션을 반복했다. 무더운 여름철, 두꺼운 장비와 방탄조끼를 입은 채 달리고 엎드리기를 반복하는 훈련은 체력적으로도 상당히 고된 과정이었다. 그러나 그 과정을 이겨내며, 나는 단순히 '간호사'라는 타이틀을 넘어서, 위기 상황에서도 흔들리지 않는 의무병으로 성장할 수 있었다.

다행히 모든 테스트를 한 번에 통과하며 무사히 훈련을 마칠 수 있었다. 그 시간들은 단순히 지나간 훈련 기간이 아니었다. 이러한 경험은 내가 미국 사회 안에서 단지 의료인이 아닌, 구성원으로서 기여할 수 있는 방법 중 하나였다. 군복을 입고 병원 밖에서 활동할 때마다, 나는 단순히 한 명의 외국인 간호사가 아니라, 이 사회에 책임을 지고 기여하는 사람이라는 자긍심을 느낀다. 나는 어느새 미군 의무병으로서의 기본을 갖추고, 군인 정신을 몸으로 익힌 상태가 되어있었다. 그리고 이젠, 소집일이 되면 군복을 입고, 근무일에는 스크럽을 입고 일하는 두 개의 삶을 살고 있다.

간호복을 입을 때와 군복을 입을 때, 나는 똑같은 사람이지만 마음가짐은 분명 달라진다. 간호복을 입을 때는 환자의 곁을 지키는 전문인으로서 따뜻하고 부드러운 에너지를 가져야 한다면, 군복을 입는 순간에는 책임감과 단호함, 조심스러움을 잊지 말아야 한다. 두 유니폼이 내게 주는 무게감은 다르지만, 둘 다 내 가치관에 힘을 실어주고 있다. 이렇게 두 개의 유니폼을 오가며 살아가는 삶은 쉽지 않다. 하지만 나는 내가 선택한 이 길에 자부심을 느낀다. 둘 다 누군가에게 필요한 존재가 되고 싶어서 선택한 유니폼이기 때문이다. 그리고 그 무게를 느끼며 하루하루를 살아가는 지금의 내가, 과거보다 훨씬 단단해졌음을 스스로 느낀다.

나는 지금도 매달 한 번 주말 소집 훈련에 참여하고, 매년 5월 2주간의 필수 Annual Training을 통해 군인으로서 임무를 다하고 있다. 주변 병원 동료들은 처음엔 "간호사인데 군인이야?"라며 신기해했지만, 지금은 다들 이해하고 존중해주며 때때로 격려의 말을 건네기도 한다. 주방위군으로서 복무는 내게 단순한 경력 한 줄을 넘어서, 삶의 태도를 바꾸는 마음가짐이 되었다. 정해진 길을 따르기보다, 나만의 경로를 만들어 가고 싶었던 내게 있어 이 도전은 결국, 나 스스로를 확장하는 방식이 되었다. 내가 지금 여기에 있는 이유이기도 하다.

익숙한 환경에서만 커리어를 쌓는 것이 답은 아니라고 생각한다. 용기 있게 한 번 새로운 도전을 선택했기에, 나는 내 예상보다 훨씬 넓은 세상을 경험할 수 있었다. 그리고 그 도전이 내 삶의 지평을 이렇게 넓혀주었다고 생각한다.

이 글을 읽고 있는 당신도 기억했으면 한다. 지금 일상의 익숙함이 당신의 여정의 전부가 아니며, 때론 불안하더라도, 새로운 길에 발을 내딛는 용기가 결국 당신을 성장하게 만들어 줄 값진 경험이 될 것이라고.

한국 간호사의 성실함은 국경을 넘는다

미국에서 간호사로 자리를 잡기 시작하면서 자연스럽게 한국의 동료들이 나에게 종종 연락을 주기 시작했다. 병원에서 함께 일했던 선배, 후배 간호사부터 대학 시절 동기들까지. 오랜만에 연락이 와서 반가운 것도 있었고, 그보다 더 많이 받은 건 질문이었다. "영어 잘해야 돼?", "정말 힘들지 않아?", "도대체 어떻게 한 거야?" 처음에는 이 질문들이 조금 부담스러웠다. 나라고 해서 대단한 비법이 있는 것도 아니고, 영어가 유창한 것도 아니었기 때문이다. 그럼에도 나는 항상 같은 대답을 했다.

"내가 대단해서 여기까지 온 게 아니라, 그냥 용기 내서 시작했을 뿐이야."

그렇게 질문들을 받을 때마다 대답하기 전에 나는 뭔가 책임감 같은 걸 느꼈다. 나도 분명 똑같이 한국에서 함께 간호사 생활을 했던 사람이었고, 지금도 나를 간호사로서 성장시켜준 기반은 한국 병원에서의 경험이라고 생각한다. 그래서 더 진심을 담아 말해주고 싶었다.

많은 사람들이 미국 간호사를 '뛰어난 사람들'만 할 수 있는 특별한 직업이라고 생각한다. 하지만 내 생각은 다르다. 내가 간호사로서 미국에서 일할 수 있었던 건, 한국에서 쌓은 경험 덕분이었다. 병동에서 정신없이 뛰어다니며 몸으로 익힌 기술, 상황 파악과 빠른 판단력, 환자에게 최선을 다하려 했던 성실함과 친절함. 그것들이 미국에서도 '좋은 간호사'로 인정받게 만들어 주었다. 한국에서 간호사로서 당연하게 해왔던 행동들이, 이곳에서는 오히려 강점이 되었다.

초기에 느낀 외로움과 불안도 컸다. 새로운 나라, 새로운 시스템 속에서 내가 잘 적응하고 있는지에 대해 스스로 끊임없이 의구심을 가졌다. 사실 나도 처음엔 많이 두려웠고, 처음엔 시스템과 문화 차이에서 오는 막막함이 컸다. 특히 내가 한국 간호사로서 부족한 이미지를 심어줄까 봐 걱정이 많았다. 병원에 처음 출근하던 날, 인수인계를 받으며 걷던 그 복도에서 '내가 여기에 있어도 괜찮을까?'라는 생각이 머릿속을 떠나지 않았다. 차트를 읽다가 이해가 안 되는 용어가 나오면 표정 관리가 되지 않았고, 간단한 유머조차 놓쳐서 어색한 웃음으로 넘기기 일쑤였다. 그럴 때마다 스스로에게 항상 말하곤 했다. "타지에서 바보가 될 용기를 가져야 한다." 바보 같은 순간들이 결국 나를 단단하게 만들고, 나중에는 그 과정과 경험을 통해 빛을 보게 된다. 그 시간이 지나면 어느새 누군가에게도 귀감이 될 수 있는 좋은 본보기가 되어있는 자신을 발견하게 된다.

내 안에서 노력해 해소한 불안도 있지만, 남은 불안들은 다름 아닌 동료간호사들의 응원과 도움으로 점차 사라질 수 있었다. 나는 내가 가진 경험과 지식이 동료들에게 고집처럼 비치지 않도록 항상 조심했다. 일에 있어서는 언제나 겸손하려고 노력했다. 나는 정말 바보처럼 많이 물었다. 한 번 들은 것도 다시 물었고, 틀린 걸 인정하고 배우는 걸 부끄러워하지 않으려 했다. 간혹 내 영어가 유창하지 않다고 조급해질 때마다, 스스로를 다독였다. '지금 중요한 건 유창함이 아니라, 성실함과 진심이야.' 그 마음가짐이 있었기에, 힘든 시기를 지나 지금 까지 버틸 수 있었다. 다행히 그런 나의 진심을 동료들도 알아주었고, 자연스럽게 더 많은 도움을 받을 수 있었다. 실수는 누구나 할 수 있다. 중요한 건 부끄러워하지 않는 것이다. 실수를 알고도 고치지 않는다면 그게 더 부끄러운 일이다. 완벽하지 않아도 괜찮다. 그 마음가짐이 결국 나를 단단하게 만들었다.

그렇게 나는 이젠 다른 동료들에게도 도움을 줄 수 있는 간호사로 성장할 수 있었다. 예전에 한 번은 까다로운 환자가 있었다. 원래 담당이었던 동료간호사는 감정적으로 힘들어했는데, 내가 함께 대응을 도왔다. 사실 영어가 완벽하지 않아 걱정도 됐지만, 한국에서 받았던 CS 교육과 현장 경험들이 큰 도움이 됐다. 따뜻한 태도와 기본적인 존중이 통했는지, 그 환자가 나중에 "그 간호사는 언제 출근하느냐"라고 물어봤다고 들었다. 이런 작은 순간들이 쌓여 나의 자신감을 키워주었다.

실제로 병원 관리자나 동료간호사들로부터 '한국 간호사들은 진짜 일 잘해'라는 말을 들은 적이 한두 번이 아니다. 처음엔 립서

비스인가 싶기도 했지만, 반복해서 듣다 보니 그 말 속엔 분명한 존중이 담겨 있다는 걸 알게 되었다.

"You always follow through, even when it's hard."("넌 힘든 상황에서도 늘 책임감 있게 해내는 사람이구나.")

어떤 선임 간호사가 내게 해줬던 이 한마디는 아직도 기억에 남는다.

타지에서 일하는 삶은 생각보다 외롭지 않았다. 어느 순간 동료 간호사들과 웃으며 잡담도 나누고, 바쁜 12시간 근무 생활에도 오프에 맞춰서 함께 저녁 시간을 보내는 그런 시간이 생긴다. 그럴 때마다 '내가 여기까지 왔구나'하는 갑작스러운 보람과 뭉클함을 느낀다. 내가 이민자라는 사실을 모두가 알고 있음에도, 나라는 사람을 이해하고 응원해주는 동료들이 있다는 것. 그것이 나를 힘들 때마다 다시 일어서게 했다.

완벽하지 않아도 괜찮으니 실수를 두려워하지 말았으면 좋겠다. 간호사라는 직업은 사람을 다루는 일이기에, 행동과 생각을 더욱 더 조심해야 하는 건 맞지만, 마음을 다해 진심으로 대하면 그 마음은 결국 통하게 되어 있다. 중요한 건 실수를 하고도, 배우고 고치려는 자세다. 실수 자체보다, 반복하거나 방치하는 게 더 큰 문제다.

미국이라는 타지에서 간호사로 일한다는 건 분명 쉽지 않은 도전이다. 언어, 문화, 제도까지 모든 것이 낯설다. 하지만 그 낯섦을 견디며 버텨낸 시간은, 결국 나를 더 나은 간호사가 될 수 있게 흘러갔다. 지금 나는 여전히 배우고 있지만, 더 이상 흔들리지 않는다. 환자 앞에서, 동료 앞에서, 그리고 나 자신 앞에서 부끄럽지 않은 간호사로 서기 위해 오늘도 노력하고 있다.

그리고 나는 믿는다. 한국에서 간호사로 일했던 모든 분들이, 충분한 능력과 가능성을 가지고 있다고. 한국에서의 고된 하루하루가, 여기서는 경쟁력으로 바뀔 수 있다. 간호사라는 직업의 본질은 결국 어디에서나 같기 때문이다. 환자를 향한 진심, 그 하나만은 세계 어디서든 통한다.

이제는 누가 묻지 않아도 나는 먼저 말한다. "당신도 할 수 있어요. 이미 준비는 다 되어 있어요." 그건 단순한 응원이 아니라, 내가 직접 겪고 확인한 진실이다. 그래서 오늘도 나는 말하고 싶다. 두렵더라도, 낯설더라도, 당신은 충분히 잘할 수 있고, 분명히 해낼 날이 올거라고.

나를 지키면서, 환자를 지킨다

나는 기초생활수급자 가정에서 자랐다. 부모님 두 분 모두 장애가 있으셨지만, 마음만은 누구보다도 건강한 부모님 아래서 어릴 적부터 나는 '사람에게 도움이 되는 사람'이 되어야겠다고 생각해왔다. 그런 마음으로 간호사가 되었고, 그 초심이 나를 지금까지 버티게 해주었다. 그 마음은 환경이 달라져도 변하지 않았다. 오히려 미국이라는 낯선 땅에서 더 깊어진 것 같다. 내가 선택한 이 길은, 나 자신을 지키는 일이 곧 누군가의 삶을 지켜내는 일이기도 하다는 것을 알게 되었기 때문이다.

한국에서 간호사로 일하던 시절엔 내가 가장 자주 느낀 감정은 '지침'이었다. 몸이 지친 것도 있었지만, 마음이 먼저 닳아갔다. 같이 일하던 동료간호사들도 다르지 않았다. 특히 신규 시절, 출근길이 두려웠던 기억은 아직도 생생하다. 병원 건물 앞에서 몇 번이나 심호흡하며 마음을 다잡았고, 하루에도 몇 번씩 '내가 이 일을 계속할 수 있을까?'라는 질문을 스스로에게 던졌다. 웃으며 인계받고, 지쳐서 퇴근하던 날들이 반복됐다. 우리는 늘 누군가의 생명을 돌보면서도, 정작 우리 자신을 돌볼 여유도, 존중도 받지 못한 채 하루하루를 버티고 있었다. 내가 간호사로 일하기 시작한 건 오롯이 '누군가에게 도움이 되는 삶'을 살고 싶다는 마음 때문이었는데, 현실과 이상은 달랐다. 병동의 공기는 늘 긴장감으로 가득했고, 웃는 얼굴 하나에도 눈치를 보아야 했다. 간혹 인사를 깜빡했을 때는 인격적인 지적이 돌아왔고, 바쁜 와중에 환자의 호출을 조금이라도 늦게 받으면 "성의가 없다"라는 평가를 받기도 했다. 일로 혼나는 건 감수할 수 있었지만, 기분에 따른 트집이나 부당한 언행은 점점 나를 침묵하게 만들었다.

한국의 의료 시스템은 분명 세련됐다. 빠르고 정확하고, 환자 입장에선 정말 놀라운 수준이다. 하지만 그 이면에서 일하는 의료인들의 삶은, 그만큼 보람을 느끼기엔 너무 벅차고 고단한 환경이었다. 나는 그 안에서 점점 '내가 정말 하고 싶었던 의료서비스가 이게 맞나?' 하는 질문을 하게 됐다. 그래서 더 빨리 그 시스템에서 벗어나고 싶었다. 그렇게 열정도 점차 시들어가던 어느 순간, 그때의 갈망이 결국 나를 미국까지 이끌게 되었다. '이 안에서 버티는 게 전부는 아니다. 나를 지킬 수 있는 길이 있다면, 그 길을 향해 나아가야 한다.'

미국에 와서 처음 병동에 섰을 땐, 사실 크게 기대하진 않았다. 언어가 달라졌다고, 문화가 바뀌었다고 내가 완전히 새로워질 수는 없다고 생각했다. 하지만 어느 날 담당 의사가 회진하던 시간에, 그 담당 의사가 내게 먼저 의견을 물어봤을 때의 당황스러움과 동시에 느껴졌던 감정은 아직도 잊히지 않는다. "OO 환자, 어제 상태는 어땠지? 네가 더 잘 알 테니까 환자에게 설명해줄래?" 이 짧은 한마디는 내가 단순한 '서포트 인력'이 아니라 팀의 '일원'으로 받아들여졌다는 명백한 신호였다.

미국에서도 일이 쉽지만은 않다. 간호사로서의 책임은 무겁고, 실수 하나가 크리티컬할 수 있다. 하지만 다른 점이 있다. 바로, 존중이다. 이곳에서는 간호사가 단순히 병원에 소속된 누군가가 아니라, 하나의 독립적인 전문인력으로 인정받는다. 의사와 대등한 커뮤니케이션을 하고, 환자와 가족들에게도 'Thank you, nurse'라는 말을 매일 듣는다.

물론 미국이라고 모두가 완벽한 것은 아니다. 의료 시스템의 구조는 훨씬 정교하고 느릴 수 있지만, 적어도 의료진을 '사람'으로 대우한다는 점에서 확연한 차이가 있다. 나의 식사 여부를 먼저 묻는 동료가 있고, 실수를 해도 "고의가 아니었고 이제 배웠으면 괜찮아"라고 말해주는 상사가 있는 환경은 분명 다르다. 그런 분위기 속에서는 내가 나 자신을 믿을 수 있게 된다.

이 차이가 나에겐 너무 크게 느껴졌다. 같은 간호사라는 직업인데, 어떤 시스템 안에서는 소진되고, 다른 환경에서는 존중받는다. 그 과정에서 나는 깨달았다. 환자를 지키기 위해서는, 먼저 나 자신을 지킬 수 있어야 한다는 것을.

지금 이 글을 읽고 있을 모든 간호사 동료분들께도 당신은 그 존중을 받을 자격이 충분하다고 꼭 말하고 싶다. 그리고 그 존중을 느끼는 순간, 비로소 '내가 간호사이길 잘했다'라는 생각에 더 확신이 생기고 그 생각은 내가 더 나은 간호사가 되고 싶은 멋진 동기부여가 될 것이다. 더 이상 참고 버티는 것이 미덕이 아니다. 어떤 순간엔 침묵이 아니라, 분명한 목소리가 변화를 만든다. 누군가의 기분이 아닌, 당신의 가치관과 양심이 기준이 되어야 한다. 나도 많은 시행착오를 겪었고, 단단한 나로 살아남기 위해선, 그만큼 자신을 지키는 기술을 먼저 익혀야 했다. 물론 너무 약한 마음으로 쉽게 상처받거나 극단적인 방식으로 과잉 대응하는 건 바람직하지 않지만, 본인이 충분히 부당하다고 느낀 상황이라면, 반드시 대처해야 한다. 목소리를 내야 할 때는 용기 내서 내야 하고, 그래야 변화가 생긴다. 요즘은 한국에서도 간호사 명찰에 녹음기를 달고 다니는 경우가 있다고 들었다. 오히려 그 장치가 과한 방어적 수단이 되어버리는 상황도 있다고 들어서 너무나도 안타깝지만, 그만큼 아직도 간호사들이 존중받고 보호 받지 못한다는 뜻이기도 하다.

진심으로 환자를 돌보는 당신의 마음과 묵묵히 견뎌온 그 시간들은 어느 순간에 분명 누군가에게 존경받는 간호사로 보이게 될 것이다. 그건 한국이든, 미국이든, 어디든 마찬가지다. 당신의 진심은, 결국 어디서든 통할 수 있다. 스스로 단단한 사람이 되어, 좋은 태도로 상대를 대한다면, 분명 본인도 존중받는 삶을 살 수 있을 것이다. 그리고 무엇보다, 나를 지키는 일은 결코 이기적인 일이 아니다. 그것은 더 오래, 더 진심으로, 환자를 지킬 수 있는 힘이 되어줄 것이다.

'나를 지켜야, 환자도 지킬 수 있다.' 번아웃이 올 때마다, 자책보다는 재정비를 택했다. 운동을 하고, 명상을 하고, 때로는 그냥 멍하니 걷는 시간도 만들었다. 이 모든 경험은 결국 한 가지로 귀

결된다. 내가 이렇게 나를 회복하려 노력하는 것 또한 간호사의 중요한 능력 중 하나라는 것을.

　간호사라는 직업은 생각보다 길고 험한 길일지 모른다. 하지만 그 안에서도 나다움을 지키며, 흔들리지 않고 중심을 잡을 수 있다면, 그 길 위에서 더 오래, 더 진심으로 환자를 지킬 수 있을 것이다. '당신의 진심은 반드시 통합니다. 그러니, 가장 먼저 당신 자신부터 지켜주세요.'

엄혜경

BSN, RN
Email : umhk88@gmail.com

- 2020년 American University of Health and Science 졸업
- 2025년 Walden University 정신건강전문간호사 (PMHNP) 과정 수료
- 현 Community Hospital, Behavioral Health Unit RN 근무
- 현 남가주한인간호사협회 임원

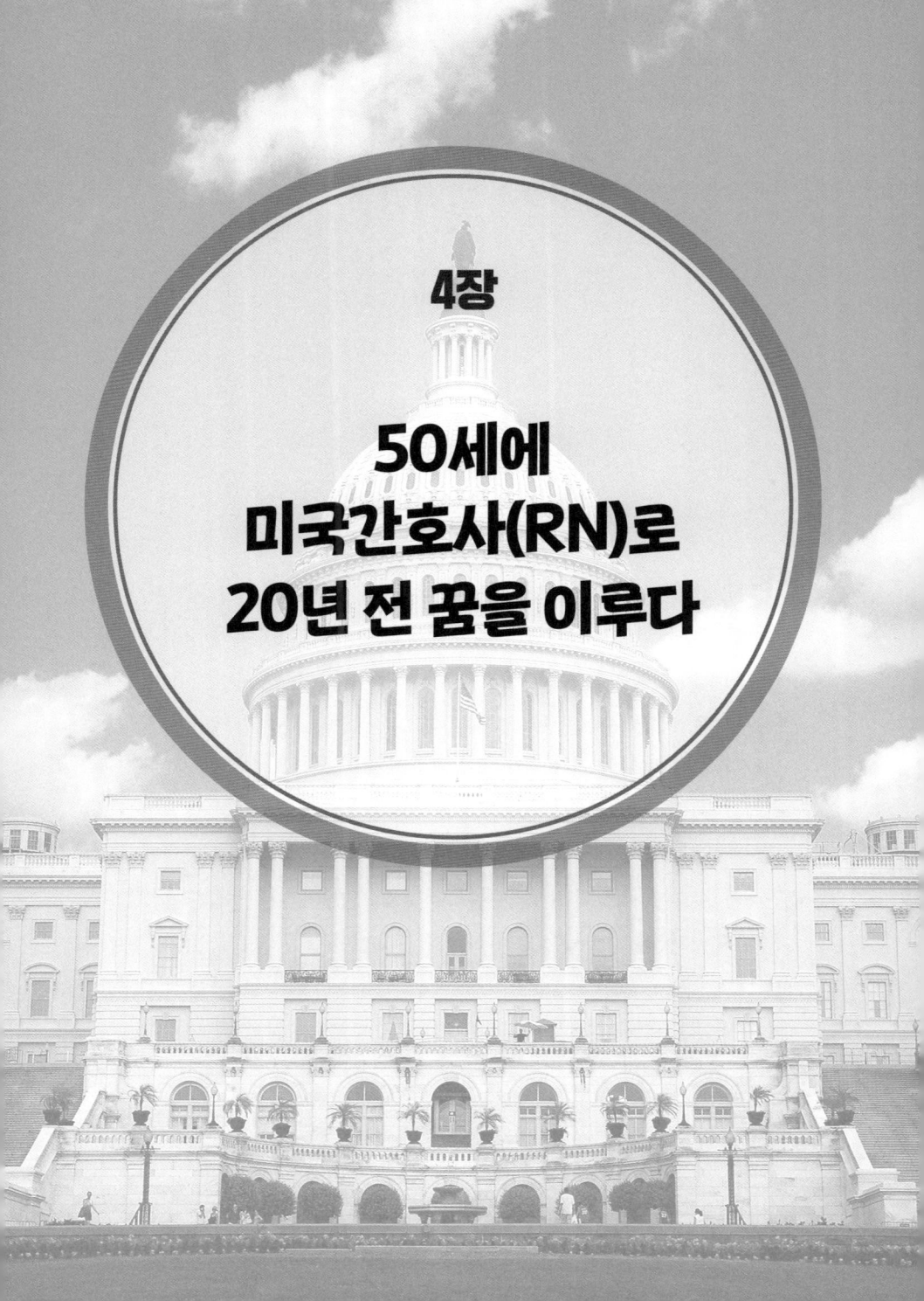

쉰 살에 20여 년 전 상상했던 나를 만나다

1970년생인 나는 2020년 7월 나이 50세에 미국 간호사가 되었다. 지금은 올해 55세, 두 아들의 엄마이자 아내이고, 미국에서 정신과 간호사로 5년 동안 일하고 있다. 어린 시절을 돌아보면 사랑이 넘치는 가정에서 자랐지만, 딱히 인생의 목표나 열정을 가지고 학업에 정진하거나 직업, 사람 관계, 경제 관념 등 사실 부끄러울 수 있지만, 학창시절을 그럭저럭 흘려보낸 것 같다. 대학을 졸업하고 2년간 방송국에서 계약직으로 자료실에서 직장생활을 한 후 대학교 때 만난 4년 선배와 결혼했다. 첫째를 임신한 후 직장을 그만두고 25살에 큰아들을 낳고, 27살에 둘째를 낳고 아이들을 키우면서 살아가고 있었다.

그저 밋밋하게 지내던 25살 인생에서 첫아들을 출산한 경험은 말로 설명할 수 없을 정도의 복잡 미묘한 감동, 기쁨, 책임감, 하여튼 세상을 보는 시선과 삶을 대하는 나의 태도가 완전히 달려졌다. 이 작고 소중한 아이를 위해서 나의 모든 걸 줄 수 있으니 세상을 좀 더 진지해지고 적극적으로 살고 싶은 마음이 생겼다. 난 대체로 소극적이고 사람들과 부딪친 다거나 새로운 일을 벌이는 걸 꺼리는 성격이다. 안정적인 삶을 추구하고 모험과 변화를 무서워해서 새로운 사람을 만나거나 심지어 낯선 곳에 여행을 가는 것도 항상 주저했다. 하지만, 결정한 일에 끈기는 있고 약속을 잘 지키고 규칙대로 사는 것을 편안하게 생각하는 타입이다.

그런 내가 2002년 10월, 인천공항에서 뉴질랜드행 비행기에 오르게 될 줄은 꿈에도 몰랐다. 나는 내 아이들이 건강하게 뛰어놀고 친구들과 학교에서 행복한 유년 시절을 보내기를 바랬는데 큰아이가 초등학교에 가니 이미 다른 아이들은 선행학습과 학원에 다니느라 친구들과 놀 수 있는 시간이 부족했다. 그러던 중 큰아이가 초등학교 2학년 2학기때 나로서는 충격적인 일을 접하게 되었다. 같은 반에 예쁘고 착한 여자아이가 시험 도중 스트레스로 인해 바지에 소변을 보는 일이 있었고, 아이는 패닉 상태에 빠졌다. 내가 알기로 이미 선행학습을 많이 하고 시험문제집도 여러 권 풀어 본 아이인데, 아마도 심한 불안과 부모의 기대에 잘하고 싶은 마음이 많아 실수를 한 것 같다. 겨우 9살인 그 아이와 같은 반 친구들이 겪었을 그날의 일이 나의 인생에서도 큰 결정을 한 계기가 되었다. 우리나라는 예나 지금이나 아이들 학업에 특별히 집중하는데, 많은 부모들이 그러고 싶지 않아도 막상 아이들을 학교에 보내면 평소 신념이 어떻든 흔들리면서 고민하고 아이들은 여러모로 학업 스트레스를 받게 된다. 내 아이는 학교를 일찍 들어가 겨우 8살인데 벌써 학교생활이 이렇다면 나는 '이곳이 과연 아이들을 행복하게 키울 수 있는 환경인가'하는 의문을 갖게 되었고, 결국 내가 마음 한켠에 품고만 있던 '외국에서 아이들을 키워보고 싶다"는 생각을 행동으로 옮기게 되었다.

뉴질랜드로 가다

　남편과 세계지도를 펴 놓고 어느 나라로 갈까 고민한 끝에 뉴질랜드로 떠나기로 결정했고, 2002년 월드컵의 여운을 안고 비행기에 올랐다. 참고로 우리는 이 전에 뉴질랜드에 가본 적도 없다. 당시 장기사업비자라는 프로그램으로 어느 정도의 금액을 투자하면 비자를 받고 아이들을 안정적으로 학교에 보낼 수 있다는 한국에 있는 이민 기관의 팸플릿과 그 회사 설명만 믿고 큰 결정을 해 버렸다. 준비를 차근차근 시간을 들여 한 것이 아니라 단기간에 결정했기 때문에 현지 사정은 전혀 알지 못했다. 우선 그 당시 아이들이 정말 좋아했던 탈 때마다 불이 번쩍거리는 롤러 블레이드를 앞에, 또 등에는 자기들 개인 짐을 챙겨 메고 우리 부부도 이민 가방과 배낭을 멘 채 인천공항에서 비행기를 탔다. 이건 내 인생에서 기억에 남는 한 장면이다. 10월에 도착한 뉴질랜드 오클랜드 공항은 인천공항에 비하면 이게 국제공항인가 싶을 정도로 소박하고 정겨울 정도로 포근한 느낌이었다. 뉴질랜드는 참으로 아름다운 나라였다. 초록빛 잔디와 나무, 양떼들, 친절한 사람들, 그리고 자유로운 학교 분위기까지. 아이들은 영어를 전혀 못했지만 몸으로 천천히 배웠던 것 같다. 처음에는 익숙하지 않았지만, 학교에서 맨발로 뛰어다니면서 아무 선입견 없이 친구들과 지내는 것이 아이들이 자라기에 딱 좋은 곳이라는 생각이 들었다. 우리는 사업 비자를 신청하고 비자가 나올 때까지 1년을 기다리며 지냈다. 하지만 수입 없이 주당 400불의 집세를 내며 생활비만 계속 쓰다 보니 언제 나올지 모를 비자를 기다리는 시간이 점점 무겁게 다가왔고 위기감은 불안감이 되고 마냥 기다릴 수 없게 되었을 때 비자 거절 편지를 받게 되었다. 아이들 1년 유학했다고 치기엔 너무 어이없을 정도로 경제적으로 타격이 컸다. 외국에서 신분 문제가 얼마나 큰 벽이 될 수 있는지를 실감하게 되었고, 이는 이후 미국에서 9년간 계속된다.

미국으로 가다

결국, 뉴질랜드에서 사업 비자가 거절되자 더는 버틸 수 없었다. 우리는 한국으로 돌아가기로 결정했고 그 전에 미국에 여행을 가기로 했다. 어릴 적 주말 영화나 드라마 속 미국은 늘 잔디밭이 있는 2층집에서 오렌지 주스를 마시며 여유를 즐기는 모습이었다. 하지만 나무와 잔디가 천지인 뉴질랜드에서 1년을 살다가 와서 그런지 LA 공항에 도착하자마자 그곳과는 또 다른 문화 충격이 밀려왔다. 너무 다양한 인종과 복잡한 분위기와 삭막한 느낌이 사뭇 낯설었다. LA에서 먼 친척집을 방문하고, 이런저런 생각 끝에 우리는 또 한 번 용감한 결정을 내렸다. 미국에서 살아보자. 왜 우리는 계획 없이 결정을 내리고 실행했을까? 지금 생각하면 젊었던 그 시절의 용기가 그립기도 하다. 결정했으니 이제부터는 계획하고 실천할 일만 남았다. 하지만 그 당시 우리는 관광 비자로 입국했고, 영어도 부족했고, LA에서는 기본인 운전면허증조차 없었다. 다행히 친척의 도움으로 급한 문제들을 하나하나 해결해 나갔고, 베니스 비치 근처에 있는 선물 가게를 사서 사업 비자를 신청했다. 나중에 2년마다 비자 연장을 해야 했기에 많은 비용과 노력, 불안을 감수하며 9년을 보냈다.

외국에서 영주권이나 시민권 없이 살아간다는 건 참 힘든 일이다.

영어로 물건을 팔고 외국인을 상대하는 일은 너무 낯설고 어렵기만 했다. 남편은 출장 경험도 있고 영어도 좀 했지만, 나는 고등학교 이후 영어를 쓸 일이 없었고, 말하는 것 자체가 스트레스였다. 아이들은 어렸기 때문에 학교가 끝난 후엔 베니스 비치에서 해가 질 때까지 모래를 파며 놀았고, 1달러짜리 피자를 사 먹으며 하루를 보냈다. 아이들이 이렇게 시간을 보내도 되나 싶을 정도로 격렬하게 몸으로 놀기만 했다. 근데 지금은 아이들이 그 시절을 정말 재미있고 행복했다고 회상한다. 우리는 1년에 설날만 쉬고 비가 오는 날은 춥고 손님이 없어 좀 일찍 가게 문을 닫으면서 이게 과연 내가 아이들을 위해 선택한 삶인가 하는 의심과 불안함이 나를 괴롭혔다.

선물 가게를 시작한 지 1년 후, 큰아이가 3학년이 되면서 한국인이 조금 있는 지역으로 이사했고, 나는 시간이 될 때마다 adult school 에 다니며 영어 공부를 했다. 그때부터 지금까지 영어는 나의 평생 숙제인데 그것은 미국에서의 삶을 결정짓는 핵심 도구이기 때문이다. 이민 생활에서 영어로 인해 자신감이 생기기도 하고 꺾이기도 하고 나를 너무 좌절시키고 끊임없이 실망시키기도 한다. 이사 후 만난 주변 엄마들은 왠지 한결같이 학벌도 좋고 여유 있어 보였다. 시민권자, 영주권자, 주재원, 좋은 대학교 졸업자, 남편이나 부인이 교수, 의사, 변호사인 경우도 많았다. 그때의 나는 내색하지 않았지만 참 부러웠다. 사실 지금은 그들이 가진 것이 부럽지 않다. 그 대신 그들이 뭔가 이루기 위해 했던 노력들과 의지, 해냈음을 존경하게 되었다.

하여튼, 그때는 영주권을 가지는 것이 소원이었다. 영주권이 없다는 이유로 사업비자를 2년마다 갱신해야 했기 때문에 그에 따르는 비용, 가족 개개인 비자 연장 수수료, 세금 등 치러야 하는 돈의 액수가 상당했다. 이러다 내가 꿈꾸던 아이들 교육은커녕 일만 하다 죽는 거 아닐까 하는 정도였다. 내 나라를 떠난 본래의 목적이 뭔데 남의 나라에 와서 왜 이러고 사나 하는 생각에 가끔은 힘든 날이 있었다. 우리 부부는 매일 일만 했기 때문에 사실 부모로서 학교에서 봉사를 한다든지 아이들에게 신경을 쓸 여유가 없었고 그저 공교육 학교에 보내는 것만으로 아이들은 학창시절을 보낼 수밖에 없었다. 개인적인 경험이지만 첫 세대 이민자로서 전문직이나 투자 이민 정도의 경제적 여유가 없다면 생계를 유지하는 것이 만만치 않다. 다행히 큰아들이 10학년 때 가족 모두 영주권을 받게 되었고 아이들은 대학 진학 시 학자금 혜택이나 신분 문제로 인해 비자를 독립적으로 받아야 하는 등 큰 어려움은 겪지 않게 되었다.

꿈을 꾸다

이제부터 나에 대한 큰 그림을 말하겠다. 우리는 2011년에 영주권을 받았는데 사실 영주권을 받기 전에는 영어를 배우기 위해서 ESL 과정도 college에서 공부하기에는 유학생 학비를 내야 하기 때문에 엄두도 나지 않았다. 하지만 영어를 공부해야 한다고 마음먹었기 때문에 미국에 온 후로 매일 조금씩이라도 혼자 공부했다. 그래 봐야 기본 단어와 간단한 문법을 지속적으로 외우고 실제로도 미국 사람들과 대화하려고 애썼다. 어느 정도 말하는 것이 두렵지 않고 기본적인 대화가 가능할 즈음, 영주권도 받았겠다 남편에게 처음 내가 간호사를 꿈꾼다고 말했는데, 이렇게까지 반대할 줄 몰랐을 정도로 극심한 반대에 부딪혔다. 그때는 정말 남편이 원망스럽고 이해가 안 됐다. 나는 할 수 있다고 믿는데 왜 해보지도 못하게 하고 무작정 반대만 하는가? 아이들도 10학년과 8학년이면 자기 할 일 알아서 할 줄 아는 나이이고, 언제까지 우리가 고작 1년에 3일 정도 쉬면서 1년 내내 일하고도 겨우 생활만 할 수 있는 수입에 의존하면서 살아야 하는가 싶은 암담함에서 탈출하고 싶었다. 하지만 남편은 완고했고 나는 당장 학교는 갈 수 없었다. 지금은 그때 남편의 마음이 이해된다. 본인도 내가 도와주지 않으면 혼자 너무 무섭고 힘들었을 것이다. 자금도 넉넉지 않았고 직원을 쓰면 나만큼 편하고 일을 잘할 수 없다는 건 너무 뻔한 일이기 때문에 선뜻 모험하고 싶지 않았을 게다. 그렇다고 내가 미국 간호사가 될 거라고 딱히 믿음직스럽지도 않았을 거고. 여러 가지로 반대할 이유는 많았음을 지금은 이해한다. 그렇다고 내가 포기하기에는 말이 안 된다. 한국에서 22살 대학 졸업생이었던 나를 돌아보면 그때 이미 내 인생이 결정되고 나이가 많이 들었다고 생각했었는데, 41살 지금, 미국에서의 나는 뭔가 시작하기에 너무 괜찮은 나이라는 자심감이 있었다. 나에게 미국은 나이와 성별에 상관없이, 시간이 걸려도 좋은 결과를 얻을 수 있다는 믿음을 심어주는 나라였다. 그래서 나는 간호사가 되기로 결정했고 계획하고 실행하기로 마음먹었다.

내가 알던 모든 이들이
반대하던 길을 가다

꿈이 목표가 되다

자, 이제부터 내가 어떻게 20여 년 전 미국에 왔을 때 막연하게 꿈꾼 간호사가 되었을까? 앞서 나는 미국에서의 신분과 경제적 문제 때문에 꼭 뭔가 전문직이 되어야겠다고 꿈을 꾸었다. 그것이 무엇이든 내가 할 수 있는 일을 찾은 것이 간호사가 되는 것이었다. 간호사가 되기 위해서는 영어를 잘해야 하기 때문에 영주권이 없었을 때부터 내가 시작할 수 있는 일은 먼저 영어 공부였다. 사실, 영어 공부는 이렇게 시작했다. 2005년, 나는 동네 adult school에서 3개월에 약 26불 정도 하는 거의 공짜에 가까운 영어 수업에 등록했다. 시간 날 때마다 무료 강의도 찾아 들으며 미국 사회 전반을 이해하려고 노력했다. 생계와 육아를 함께 해야 했기 때문에 매일은 시간과의 싸움이었고, 정말 많은 끈기가 필요했다. 어느 정도 일상 대화가 가능해졌을 무렵, 마음속에 간호사라는 꿈은 조금 더

다가왔고, 2011년 영주권을 받게 되면서 그 꿈은 비로소 목표로 바뀌었다. 하지만 당시 간호학교 등록금은 큰 부담이었고, 내 영어 실력으로 과연 의학용어를 배우며 강의를 이해할 수 있을까 하는 두려움과 남편의 반대는 큰 부담이었다. 그래서 우선, 한인 신문에서 본 리셉션이스트 채용 광고를 보고 지푸라기라도 잡는 심정으로 인터뷰를 보았고, 운 좋게 작은 클리닉에 취업하게 되었다. 아마도 나의 열정과 가능성을 보셨는지 아님 당장 사람이 필요하셨는지는 모르지만, 아무 경력도 없는 나를 받아준 그 의사 선생님께 지금도 감사드린다. 그 후로 나는 내가 상급학교를 졸업할 때마다 선생님께 좋아하시는 과일을 사서 찾아가 감사의 말씀을 전하곤 했다.

LVN(Licensed Vocational Nurse)이 되다

2011년 초부터 약 6개월 동안 클리닉에서 일하면서 환자 차트 정리, 환자 응대, 전화 예절, 진료 예약, 혈액 검사, 결과, 그에 따라 다른 과로 추천하는 일 등등 많은 것을 배우면서 MA(Medical Assistant)로 일을 하게 되었다. 이어서 CNA(Certified Nursing Assistant)라는 직업에 도전할 용기가 생겨 Community College에 등록했고, 3개월 과정에 등록금은 800달러 정도였다. 별로 힘든 과정이 아니라고 말할 수도 있지만 모든 과정이 영어 수업이고 실습 포함, 주 5일 동안 거의 매일 쪽지 시험이든 뭐든 매번 시험을 봐야 했다. 낯선 의료 용어에 바짝 긴장하고 노트하며 책을 읽고 외우고 한국에서 겪었던 고등학교 시절로 돌아간 듯 학교생활을 했다. 역시 주입식 교육의 효과가 제대로 발휘됐다. 영어 대화는 약해도 역시 필기시험은 여기 반 친구들 중에서 상위권이었다. 가게 일과 육아는 여전히 전적으로 내 몫이었지만, 한국에서의 고등학생으로 빙의한 나는 3개월 후 자격증을 받았다. '봐. 되잖아.' 한결 더 자신감이 붙은 나는 남편과 동네 언니 포함, 직장 사람들, 현실적인 이유로 반대했던 모든 분들의 우려를 뒤로하고 다시 한번 도전했다. 이번엔 한 단계 높은 LVN(Licensed Vocational Nurse) 과정이었다. CNA 과정을 통해 익혔던 의학용어, 해부생리학, 병태생리학 등이 큰 도움이 되었고, 수업도 거의 이해할 수 있게 되었다. 하지만 남편의 반대는 거셌다. 남편은 내가 가게 일을 돕고, 육아와 집안일에 전념하길 바랐다. 남편의 지지는 받지 못하고 내가 했던 모든 일을 계속 잘하는 조건으로 그렇게 LVN 학교를 시작할 수 있었다. 내가 선택한 LVN 프로그램은 사립학교로서, 2011년 9월 당시 학비가 3만 불 정도였다. 나는 아이들 학교 라이딩, 가게 일, 집안일을 모두 해야 했기 때문에 가장 일찍 시작할 수 있고 집에서 가까운 사립학교를 선택했다. 항상 시간이 없었기 때문에 시간 날 때마다 공부를 했다. 10개월 프로그램이었기 때문에 매일, 매주, 학기마다 여러 다른 형태의 시험을 보아야 했다. 이 프로그램이 끝나고 LVN 라이선스만 받으면 다시는 학교 안 다니겠다고 결심할 정도였다. 나는 운전을 많이 해야 했기 때문에 주로 차에서 도시락이나 간식도 차에서 먹고 잠깐씩 잠도 자면서 치열하게 시간 날 때마다 공부했다. 사람들은 나에게 어떻게 공부했냐고 물어보는데, 워낙에 영어가 짧아서 만날 외우고 또 외웠다고 했다. 그리고 어딜 가든지 날 도와주는 사람들이 있다는 걸 믿게 되었다. 그때 학교 친구들은 공부하면서 너무 끈끈한 의리가 생겼고 모든 자료를 공유하면서 서로 도와주었고 그렇게 1년이 지나 2013년 3월 나도 그들도 LVN 자격증을 받았다. 나는 그때 나이가 43세였고 좋은 꿈을 꾸듯이 행복했다.

아직 육아와 가게 일을 병행해야 했기에, 동네의 SNF(Skilled Nursing Facility)에서 일을 시작했다. LVN 실습 당시 실습했던 곳이라 조금 익숙한 곳이고 라이선스를 받은 그다음 날부터 일할 수 있었고, 보수는 시간당 25불 정도였다. 이곳 캘리에서 그 당시 미니멈 수당은 8~9불 정도, 이걸 보면 투자 대비 나쁘지 않았다. 이렇게 일을 시작하니 한국을 떠난 후 처음으로 가정경제도 안정되고 마음도 제법 편안해졌다. 내가 일한 유닛은 정신질환이 있는 환자들이 사는 곳이었는데 사람들과 영어로 대화하면서 8시간 동안 낯선 일을 하다 보니 스트레스와 피로가 심해서 집에 오면 머리가 너무 아파 바로 잠을 자야 했다. 하지만 1년 정도 근무하면서 일도 어느 정도 익숙해졌고 오버 타임도 무지막지 많이 해서 LVN 사립학교 학비 3만 달러를 모두 갚을 수 있었다.

사실 일을 하면서 RN(Registered Nurse)의 꿈을 꾸었고, RN 사립학교는 학비가 비싸기 때문에 되도록 돈을 아끼려고 Community College 에서 RN 프로그램에 신청하기 전에 이수해야 할 기본 과학 과목을 한 과목씩 듣고 있었다.

캘리에서 Bachelor of Science in Nursing(BSN) program에 입학하려면 필요한 선수과목들, 예를 들면, 기본 대학 영어, 수학, 화학, 병리학, 해부학, 생리학 등의 수업을 되도록이면 Community College에서 모두 마쳤다. LVN 직업도 정말 안정적이고 감사한 일이지만 사실 좀 더 공부하면 RN도 될 수 있다는 생각에 다시 심장이 두근거림을 느꼈다. RN이 이미 된 것처럼 흥분되었고, LVN 학교 때 얼마나 공부가 힘들었는지는 그냥 잊기로 했다. 그 즈음, 내가 일하는 유닛에 진료를 오신 PMHNP(Psychiatric-Mental Health Nurse Practitioner), 정신과 선생님을 만나게 되었다. 그분은 마침 최근에 PMHNP license를 받고 진료를 시작해 그 시설에 오셨고 지금의 KANASC(Korean American Nurses Association of Southern California)의 회장이신 세라 고 선생님이다. 나는 그분을 만나기 전까지 PMHNP라는 직업이 있다는 것도 몰랐다. RN이 되는 것이 목표였던 나는 눈이 더 커지면서 더 큰 세상을 보게 되었고, 역시 그날 이후 나는 또 다른 꿈을 꾸기 시작했다. RN(Registered Nurse) 과정에 도전한다고 했을 때, 남편의 반대는 이전보다 크진 않았지만 여전히 현실적인 이유를 들며 우려했다. 나이, 학비, 육아 등. 하지만 나는 지금이 아니면 후회할 걸 알기 때문에 시작하지 않을 이유가 없었다. 나는 꾸준히 좋은 선택을 하고, 나하고의 약속을 지키고 나아가고, 후회하지 않는 삶을 살 거라는 확신이 있었다. 나는 이제 더 이상 나를 의심하는 사람이 아니었다.

BSN, RN이 되다

나는 다시 긴 웨이팅과 랜덤 입학인 커뮤니티 칼리지 대신, 학비는 비싸지만 (2017년, 선수과목을 마치고 10만 불 정도) 언제든지 등록 가능한 사립학교를 선택했다. 입학시험을 통과하고 2017년 봄학기에 미국 정규 간호사 학교에 입학했다. 나이는 47세. 어떻게 생각할지 개인 나름이지만 나에게는 희망과 설렘이 두려움을 이겼다. 다행히도 이전에 쌓아온 나의 흔치 않은 이력으로(MA, CNA,

LVN 경력) 덕분에 RN 프로그램에 빠르게 적응할 수 있었다. 하지만 미국 간호학교는 결코 쉽지 않았다. 단순 암기도 물론 이지만 해석력과 비판적 사고를 요구하는 시험들이 가득했다. Weekly, Midterm, Final, Clinical Practice Exam, Essay 등 테스트와 과제는 끝없이 이어졌고, 실제 병원에서의 실습도 여러 가지 어려움이 있었다. 나는 한국에서 간호학을 전공한 것도 아니고, 영어가 유창한 것도 아니었다. 하지만 그 누구보다 절실했고, 매일 A4용지와 작은 카드를 정리해 필기하고 암기했다. 시험 직전까지 외우고 또 외웠다. 한국에서 어느 정도 단련된 공부 강도를 견딘 사람은 역시 미국에서도 해낼 수 있다는 믿음이 있었고, 그것이 나를 버텨주었다. 내가 만난 젊은 클래스메이트들은 언어는 유창했지만, 시험 불안과 나이에서 오는 마음의 불안정함으로 오히려 더 힘들어하기도 했다. 나는 내게 불리한 것들만 생각하지 않았다. 대신 내가 가진 장점, 인내심과 성실함, 절실함, 시간 관리 능력을 믿었다. 특히 목표 의식이 뚜렷했기 때문에 흔들릴 필요가 없었다. 나이가 늦게 공부를 시작하고 언어 장벽이 있고 당장 돈이 없어도 내가 있는 건강과 열심은 있으니 시작하기에 충분했다. 지금도 우리는 스터디 그룹 친구들과 5년째 끈끈한 관계를 이어가고 있다. 서로 응원하고 지지해주는 그들 덕분에, 이 길이 외롭지 않았다. 나이는 중요하지 않았고 우리는 그때 같은 공부를 하고 시험 보면서 한 학기 또 한 학기가 잘 가기만을 고대하는 학우들이었다. 그들은 20대, 나의 아이들 또래였고 시험을 망치면 우는 친구들에게 내가 뭐라고 위로도 해 주었다. 때로는 내 앞가림도 힘들었지만 그들과 함께 해냈다. 그렇게 나는 수많은 시험과 과제를 통과하여 마침내 나이

쉰 살에 미국에서 RN이 되었다.

　의도치 않게 미국에서 RN이 되기까지 2004년부터 2020년까지 어떤 형태의 학교이든 한 과목이든 계속 학교를 다니며 공부했다. 물론 간호학교는 5년 정도이지만 (LVN 포함) 형편에 맞춰 조금씩 천천히 가다라도 멈추지는 않았다. 어디로 향하는지 알았으므로 흔들리지는 않았던 거 같다. 간호학 공부를 하면서 나는 성장했다. 그냥 지나치지 않고 적극적으로 다른 사람을 돕는 마음을 가지게 된 것이다. 어렸을 때는 소심하거나 무심해서 지나쳤던 이들에게 지금은 오지랖일지도 모르지만 도움을 줄 때 행복감을 느끼게 된다.

미국 간호사, 이렇게 힘든 걸 해냈는데 굳이 왜 또 학교로 돌아갔나

도전하기 좋은 나이

왜 뜬금없이 또 학교가 나오나? 이 원고의 퇴고를 하는 지금은 정신과 전문간호사(PMHNP) 프로그램의 마지막 학기를 마치고 일주일이 지났다. 학생과 직장생활을 동시에 한 세월이 늘 일상이라 너무 좋으면서도 왠지 이래도 되나 싶을 정도로 이 조금의 여유가 사치스럽게 느껴진다. 앞서 언급했던 세라 고 KANASC 회장님과 내가 RN으로서 Mental Health Unit에서 처음 일을 시작했을 때 프리셉터 선생님의 영향을 받아 Psychiatric Mental Health Nurse Practitioner(PMHNP)에 도전하게 되었다. 난 왜 또 이 길을 선택했나? LVN 학교 생활을 시작했을 때 우려했던 모든 사람들이 또 나섰다. 그 나이에 RN까지 했으면 됐다고, 그만큼 했으면 되었다고. BSN 학교 학자금 학비가 아직도 4만 달러 정도 남아 있고, 집 모기지도 아직 20년은 더 갚아야 하고, 손주 볼 나이에, 그동안 힘들었으니까 적당히 3일 정도 일하면서 이제 인생을 좀 즐겨라. 여행도 하고, 왜 굳이 또 학교를 다니냐? 수학적으로 계산해도 남은 BSN 학교 학자금에 MSN의 학비 5만 달러를 더하면 다시 10만 불, 이 나이에 큰 부담이 아닐 수 없다. 지금 나이 53세. 2년 정도 NP 공부를 하고 시험을 보면 55세. 과연 몇 살까지 일을 해서 학자금과 모기지를 갚고 은퇴자금을 모을까? 앞으로 다시 학교 다닐 동안 건강은 잘 유지가 될지? 사실 수학적 계산하면 불확실성이 너무 크고 그다지 긍정적이지 않음이 틀림없다. 나이는 늘 걸림돌이고 도전하지 말기를 충고하기에 가장 좋은 이유였다.

사실 나이가 들면서 체력, 시력, 면역력 등 건강상태가 40대와는 사뭇 다르게 느껴진다. 하지만 나는 스스로에게 질문했다. 나는 어떤 사람이고 내 인생에서 무엇을 원하는가? 지금 도전하지 않고 나중에 후회하지 않을 자신이 있는가? 내가 나를 항상 다그치며 산 것인지는 모르겠지만 이 생활에 너무 익숙해져서 사실 항상 뭔가를 할 때가 마음이 편안하다. 나는 진지하게 고민했고 나이와 돈은 내 열정 앞에 문제 되지 않았다. 어쩌면 좀 늦은 나이가 흔들리지 않고 집중하기에 훨씬 좋은 점이 많다. 나에게 PMHNP 과정의 도전은 RN 학교를 도전할 때의 절박함은 아니지만 정신과 전문간호사로서 더 영역을 키우기 위한 꿈의 도전이었다.

하여튼 다시 모든 우려를 뒤로하고 용기를 내어 PMHNP 학교에 등록했고 53세에 대학원생이 되었다. 돌이켜 보면 나의 중년은 아이들과 함께 늘 '학창시절'이었다. 덕분에 나는 아이들의 도움을 많이 받았고 함께 성장했다는 말이 맞을 것 같다. 간호 대학원은 주로 토론이나 에세이가 많아서 암기나 테스트 위주의 학사 과정보다 영어나 컴퓨터 기술이 약한 나에게는 힘든 도전이었다. 하지만 마치 공부 잘하는 친절한 친구들이 가까이에서 도와주는 것처럼 때마침 시대적으로 유튜브나 각종 AI 기술 등 공부하기에 여러 가지 유용한 수단들을 이용할 수 있어 큰 행운이었다.

모두가 반대하는 길을 가는 것이 잠시 나를 더 생각하고 조금은 주저하게 되었지만 내가 하고자 하는 일에 나만 반대하지 않으면 도전할 수 있다. 선택한 길에 수많은 어려움들이 있었지만 때로는 좌절을 하고 이겨내고 실패도 하면서 순간순간 내 인생의 단단함을 맛보며 조금씩 뭔가를 이루어 낼 때 인생이 재미있어졌다. 나는 매번 목표한 곳에 다다르면 그 목표를 세웠던 몇 년 전의 나에게 감사한 마음이 생겼다. 미리 포기하지 않고 그때 그렇게 결정해 줘서 지금의 나를 만났구나 싶어 참으로 고맙다고 말해준다. 매 순간 부족하지만 나를 믿고 소중히 여기며 꿈을 꾸고 도전한 나에게 미래에는 또 어디에 나를 던져버릴지 기대된다. 특히 나이가 들어갈수록 예상되는 외로움이나 무력감, 변화 없음이 아니라 참여하고 적극적인 삶을 살고 싶은 에너지가 나의 일상을 더 생기 넘치게 한다. 도전했다고 내가 원했던 것만큼 꼭 근사한 결말이 나지 않을 수도 있다. 하지만 여러 가지 이유로 시작하지 않았던 과거의 나보다 도전했던 지금의 나에게 잘했다고, 후회 없다고 말할 수는 있을 것이다.

나는 계속 선택할 수 있다

이곳에서 개인적으로 경험한 간호사로서 상급학교로 가는 중요한 이유는 직업 선택이 다양하고 또 나의 다양한 경력에서 보여주듯 MA, CNA, LVN, RN, PMHNP 과정 중 단계별로 밟아올 때 상급학교로 가는 것은 일을 하면서도 충분히 가능했다. 특히 내가 선택한 학교는 PMHNP 과정이 clinical practice 이외에는 모두 online 수업이 가능했기 때문에 풀타임으로 일해야 하는 나에게는 가장 적합했다.

또한 직장 선택은 본인의 상황에 맞게 8시간, 12시간 근무제, Skilled Nursing Facility, DMH(Department of Mental Health, government job), VA(Veterans Affairs), State Nurse, Administrator, Case manager, Home health nurse, Hospital intake nurse, UR(Utilization Review) nurse, School nurse, Clinical instructor, Educator 등 내가 아는 극히 제한적이지만 직장의 다양성이 있기에 분명 일을 하다 보면 정말 나의 적성에 맞는 자리를 충분히 찾을 수 있을 것이다.

미국에서 공부한 간호학은 참으로 놀랍게도 (개인적인 경험이지만) 나이, 성별, 경력과 관계없이 늘 직장을 구할 수 있었고, 원하면 full time(주당 36시간), part time (주당 24시간), over time (주당 40시간 이상), per diem (주당 최소 하루), travel nurse job (다른 주에서 계약직으로 일함) 등 자신의 상황에 맞게 유연하게 일할 수 있었다. 개인적으로 나는 간호사로서 직장 내 존중과 여유로움, 사회적, 경제적으로도 상당히 만족한 수준의 대우를 받고 만족하며 일하고 있다. 나는 여러 가지 봉사 활동(장애우 가족 캠프, 마약 관련 청소년 교육, 치매환자 가족 교육 등)과 적극적인 사회 활동(자살 방지, 청소년 캠프, 홈리스 대상 봉사 등)에 참여하면서 적극적으로 사회에 기여할 수 있음에 감사한다. 지금 이 일들에 간호사로서 참여할 수 있게 된 나는 20여 년 전한인 신문에 나온 작은 클리닉에서 환자 접수를 도와주는 일의 광고에 전화했던 용기로부터 시작되었다.

나의 인생의 큰 전환점은 나로부터가 아니라 꼭 누구를 만날 때부터 시작되었다. 내 아이들을 만났을 때 나는 다시 태어났고, 내 인생 통틀어 가장 행복한 순간이었고 나를 용기와 의욕이 있고 도전하는 사람으로 만들었다. 2011년, 간절한 마음으로 한인 지역신문에 난 리셉셔니스트 직원 광고에 안 되겠지 생각하면서도 전화했던 나는 지금 이렇게 성장해 버렸다. 이 용기는 틀림없이 아이들 덕분이다. 외국에서 조금은 마음의 여유를 갖고 아이들을 키워보고자 했던 엄마의 간절한 소망이 현실로 이루어졌고, 나도 덕분에 치열하고 멋지게 살아가게 했다.

지금은 한국에서 살지만 뉴질랜드에서 2002년에 만나 1년 동안 거의 매일 만나며 함께 아이들을 같이 키웠던 헬레나 언니는 언제나 나를 사랑하고 이해하고 먼저 전화해서 용기 주는 분이다. 이곳 미국에서 내가 처음으로 의료계에서 일할 수 있도록 기회를 주신 내과 클리닉 박사님도 은인이시고 나의 멘토 열정 가득한 동네 언니와 형부, 간호사가 된 후 만난 세라 고 한인간호사협회 회장님, 병원 프리셉터 선생님, 현재 근무 중인 병원에서 만난 미미 선생님 모두 나의 근시안적인 사고를 좀 더 확대시켜주신 분들이다. 특히 간호사가 되어 만난 분들은 내가 나이가 많은 거 외에는 경력, 실력, 열정 모든 면에서 선배들이고 늘 마음의 도전을 갖게 되는 훌륭한 동료들이다. 그들은 RN에서, NP, DNP가 되어 스스로 성장했고, Educator, Volunteer로서 커뮤니티에 참여하고 차세대를 위해 길을 만들어 간다. 혹여 그런 사람들은 특별하거나 재능이 많아서 그런 걸 거야 하는 의심이 든다면 말해주고 싶다. 나 포함, 내가 만난 모든 사람들이 개인적으로 큰 어려움들을 계속 헤쳐나가는 사람들이었다. 다른 점은 그럼에도 불구하고 실패하고 좌절하면서 또 다시 하던 일을 계속해 나가는 지극히 평범한 사람들이다. 나는 늘 그런 사람들 옆에 있는 것이 좋았고 그런 태도를 배우고 싶어 했고 하다 보니 나 역시 그런 사람이 되어있었다.

2017년 간호학교를 입학해서 공부할 때만 해도 유튜브라든가 AI 같은 기술들이 없었는데 정말 정신을 차릴 수 없을 정도로 세상이 달라지고 있다. 모든 일상생활이나 기존의 것들이 시시각각으로 변화하는 이때에 평생교육과 노후 건강, 경제활동은 필수이기 때문에 지금 준비하면 좋겠다. 다르게 생각하면 언제든지 누구든지 뭐든지 새로 시작할 수 있는 가능성이 무궁무진한 세상이 온 것이다. 나의 조금 독특한 인생의 모양이 보여주듯 50살 외국 여성이 미국에서 가장 신뢰 받고 존경받는 직업 중의 하나인 간호사가 되어 열정적으로 일하고 경제적으로도 독립적이고 안정되게 살 수 있다는 건 참 근사한 일이다.

외국에 사는 것을 결정한 후로 모든 선택했던 일들이 두려웠지만 설레는 마음도 함께했고 내 인생이 다채롭게 성장할 수 있어 감사하다. 일과 학교를 병행하며 시간 날 때마다 글을 잠깐씩 써서 두서도 없지만, 그냥 내가 경험한 지금까지의 나의 인생 여정을 써 보니 내가 정말 어떤 자세로 삶을 대했고 나를 사랑하고 실천하며 살았는지 깊게 생각할 수 있는 새로운 경험을 하게 되었다. 내가 무슨 글을 쓸 수 있나 원고를 청탁받았을 때 손사래를 쳤지만, 만약 누구라도 나와 같은 상황이 있거나 꿈을 꾸는 사람에게 도전할 마음을 갖게 해 준다면 의미가 있고 내 일처럼 기쁠 것 같다. 모두 반대했던 나의 간호사의 길, 조금 외롭고 두려웠지만 나는 당신들의 꿈을 응원하는 한 사람이 되고 싶다. 사실 미국에 온 후 20년 동안 쉼 없이 달려왔는데 내가 이룬 꿈과 목표와 열매는 너무나 값지고 귀하기 때문에 이제 꿈을 꾸는 후배들에게 또는 동료들에게 나의 이야기를 해 줄 수 있어 행복하다. 55세가 된 지금, 또 한 번의 두렵고 설레는 일은 아마 DNP(Doctor of Nursing Practice)에 도전하는 일이 될지도 모르겠다.

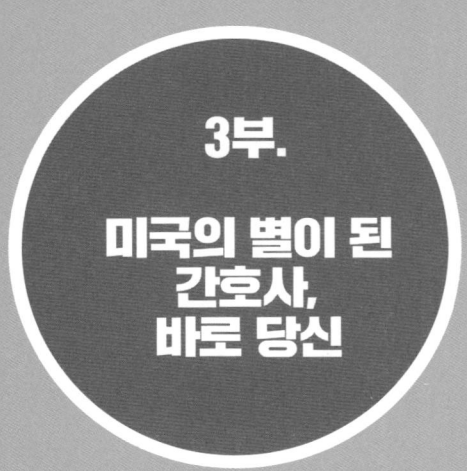

3부.

미국의 별이 된 간호사, 바로 당신

홍예솔

MSN, APRN, FNP-BC, PMHNP-BC
가정전문간호사, 정신건강전문간호사
Email : yesolhongfnp@gmail.com

- 2024년 Johns Hopkins University PMHNP 자격 취득
- 2023년 International Society of Psychiatric-Mental Health Nurses (ISPN) 컨퍼런스 준비위원회
- 2015년 California State University, Long Beach 간호학 석사 및 FNP 자격 취득
- 현 Kaiser Permanente : Target Clinic FNP 근무
- 현 Together Mental Health - PMHNP 근무
- 현 남가주한인간호사협회 28대 임원

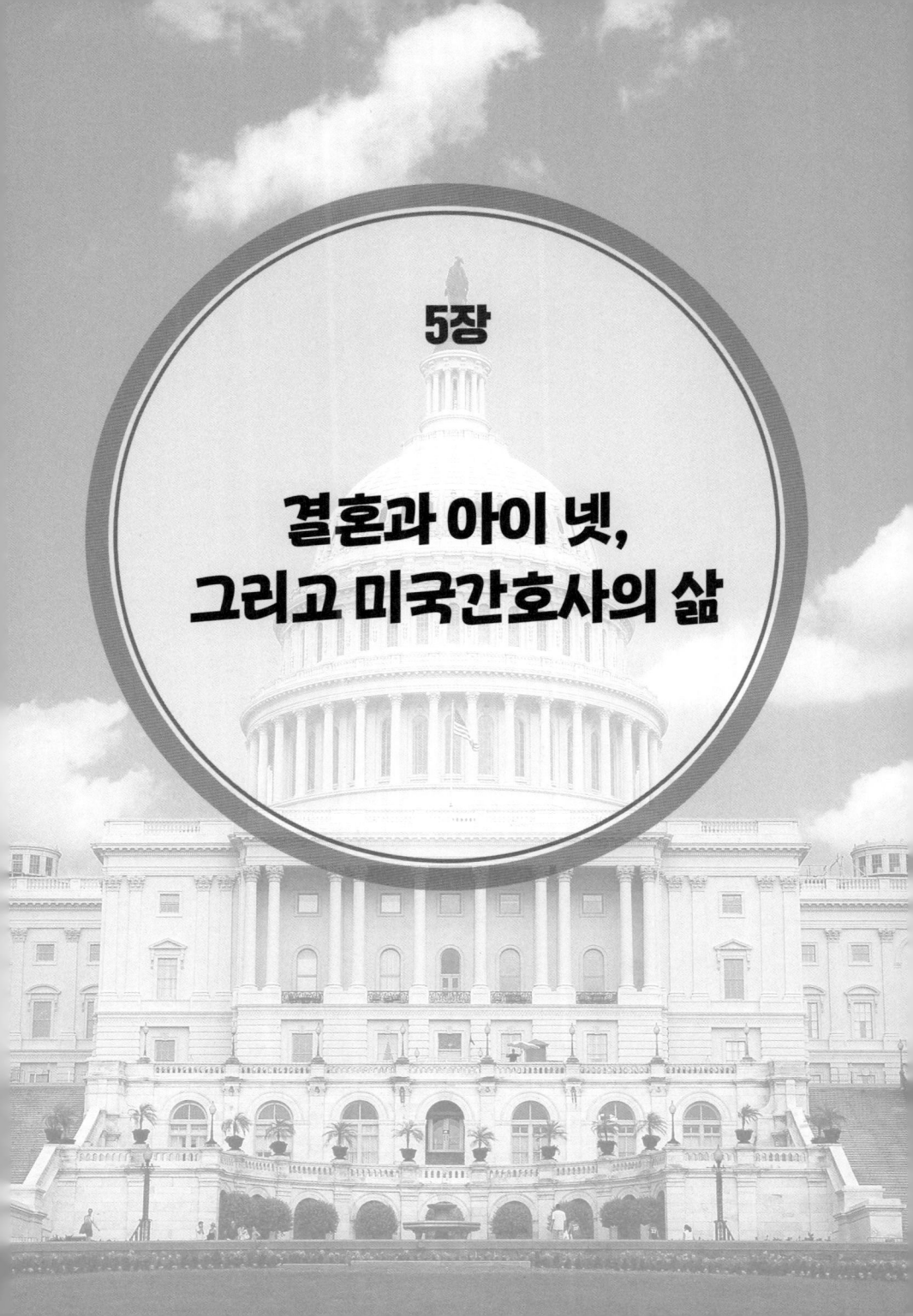

5장

결혼과 아이 넷, 그리고 미국간호사의 삶

결혼, 아이 4명 육아와 함께하는 미국 NP의 삶

RN에서 FNP로

"오늘도 빨래가 산처럼 쌓인다. 매일 두 통씩 돌려도 하루가 끝나면 마법처럼 다시 차 있는 우리 집 빨래통. 내 통장 잔고도 저렇게 불어나면 얼마나 좋을까."

네 명의 아이, 7살, 5살, 3살, 그리고 11개월 된 막내까지. 하루라도 집안일에 손을 놓으면 금세 발 디딜 틈조차 사라지는 이곳은 미국, 내가 아이 넷을 키우며 NP(Nurse Practitioner)로 살아가는 치열한 삶의 현장이다.

고등학교 1학년을 마치고 이민을 온 나는 간호학과를 영어 공부로 생각하며 울며 겨자 먹기로 간신히 졸업했다. 대학 졸업과 동시에 학교라면 지긋지긋하다 생각했다. 스물한 살, NCLEX를 운 좋게 패스하고 RN이 되자마자 운 좋게 취업에 성공해서 Miller Children's Hospital (MCH) 신생아 중환자실 (Neonatal Intensive Care

Unit, NICU) 간호사로 일을 시작했다. 아빠는 NP가 좋다며 매년 공부를 권하셨지만, 그때의 나는 공부라면 질색이었다.

그러다 스물 중반, 성당에서 떠난 자메이카 선교는 내 인생의 전환점이 되었다. 열악한 환경 속에서도 매일 기도로 하루를 시작하는 수사님들과 몸이 불편한 장애우들을 돌보며, 나는 얼마나 부족하고 작은 존재인지, 동시에 얼마나 큰 사랑을 받고 있는지 온몸으로 느꼈다. 선교 후, 거짓말처럼 공부가 하고 싶어졌다. 작은 손길이라도 내 지식으로 누군가를 도울 수 있다는 것, 매일 사람들을 만나 소통하고 배우는 것이 얼마나 소중한지 깨달았다. 곧바로 가정주치의(Family Nurse Practitioner) 프로그램에 뛰어들었다. 대학원은 대학교랑 많이 달랐다. RN 과정을 이수할 당시, 교수님들이 무섭고, 매일 공부하지 않으면 따라갈 수 없도록 퀴즈와 시험이 많았던 것에 비해서, 대학원은 철저히 내가 공부하는 만큼 배우는 수업이었다. 강의를 열심히 들어도 임상 경험이 부족하면 따라가기 힘들었다. 어느 대학원에 가느냐에 따라서 인턴십을 혼자 찾아야 해서 고생을 많이 하는 경우가 있는데, 다행히도 학교에서 인도 의사 선생님의 개인 병원을 찾아 연결해 주었다. 인터뷰를 보고, 인턴십을 시작했다. 일주일에 이틀은 RN으로 일을 하고, 나머지 이틀은 개인병원으로 인턴십을, 하루는 학교에 다니며 2년간 FNP 프로그램을 버텨냈다. 당시 학교에서 함께 공부한 7명의 한국 언니 오빠들과 서로 의지하며 쉴 새 없이 바쁘던 2년을 이겨냈다. 아직까지도 우리는 일 년에 몇 번씩 만나 힘들던 그때를 이야기하고는 한다. 인턴십 기간 동안에는 선생님보다 일찍 출근해서 하루 환자들 차트 리뷰를 하고, 점심시간에는 오전 진료기록을 마무리하고, 환자들 피검사지를 리뷰하고, 선생님이 퇴근하실 때까지 매일 함께 옆에서 있었다. 모르는 걸 물어보기도 하고, 어느 날은 그냥 선생님이 하시는 리서치를 보기도 하고, 그냥 개인적으로 알아보는 여행계획도 도와드리면서 그렇게 인턴십을 미래의 내 직장이다 생각하고 최선을 다해서 열심히 했다.

그 결과는 너무 감사하게 다시 나에게 돌아왔다. NICU RN으로 일하면서 Miller Children병원에서 지원받았던 2만 불의 학비를 졸업과 동시에 선생님이 선뜻 선불 보너스로 내주셨다. (NICU에서 일할 당시 병원에서 학비 지원을 받고 졸업 후 3년간 일하는 계약을 했었는데, 계약 파기 시 그 돈을 물어내야 했다.) 선생님은 내게 3년 계약을 제안하셨고, 나는 감사한 마음으로 그 제안을 받아들였다. 그렇게 나는 선생님의 개인병원에서 가정주치의로 첫 도약을 했다.

FNP로 이직 그리고 커가는 우리 식구

대학원 졸업과 동시에 결혼을 했고, 결혼과 동시에 첫째를 임신했다. 12시간씩 주 3일 일하던 신생아 중환자실과는 다르게 주 5일 개인병원으로 매일 출근을 했다. 오피스는 오전 9시에서 오후 12시까지 약 15~20명의 환자를 보고, 오후 2시부터 5시까지 또 15~20명의 환자를 선생님과 돌아가면서 본 후에 약 1~2시간 정도 남아서 피검사 및 Imaging(CT/MRI/XRAY) 결과를 전화로 상담해주는 일을 했다. 이렇게 임신 38주까지 주 5일, 아침 9시부터 저녁 6시까지 일했고, 점심시간 두 시간은 집에 와서 낮잠을 잤다.

9월에 태어날 첫째를 생각하며 무리해서 지금의 집을 샀다. 갑작스러운 결정에 살던 아파트 계약을 파기하면서 벌금까지 물어야 했다. 미국에서 집을 살 때 20% 다운페이가 필수적인 것은 아니지만, 하지 않으면 페널티가 붙는다. 아파트 계약 파기금과 다운페이를 내고 나니 통장에는 고작 1800불밖에 남지 않았다. 그렇게 우리는 7월 중순, 텅 빈 통장과 함께 새집으로 이사했다. 덕분에 만삭인 몸으로 방 페인트도 남편과 둘이 직접하고, 이삿짐도 약 2주간 매일 옮기면서 비용을 아끼려 노력했다.

미국의 출산 휴가는 너무나 짧다. 출산 4주 전부터 출산 후 6주까지 정부에서 Disability 수당을 받을 수 있지만 (제왕절개는 8주), 나머지 6주는 Family Bonding이라는 명목으로 기존 봉급의 60%만 지급된다. 자가 마련 후 통장에 2000불도 채 없던 우리에게 출산 휴가는 사치였다. 임신 38주까지 꽉 채워서 일을 하고, 아이를 낳고 8주 만에 바로 일터로 복귀했다. 다행히 직장이 집에서 15분 거리여서 점심시간에 집에 와서 젖을 물리고, 오후에는 아이가 울면 친정엄마가 데리고 와 잠깐 젖을 먹이는 방식으로 1년을 버텨냈다. 친정엄마가 옆에 살지 않았다면 불가능했을 일이다.

그렇게 3년을 개인병원에서 정신없이 보내면서 나는 마음이 불안했다. 같이 일하는 선생님께 많이 배우고, 감사했지만, 오르지 않는 내 월급과, 점점 늘어나는 일에 몸도 마음도 지쳐 갔다. 학교 졸업 후, 2년에 한 번 라이선스를 리뉴할 때마다 CE(Continuing Education)라는 간호사로 공부를 계속하고 있다는 증명서를 내야 했다. 인터넷으로 수업을 듣고 이수해도 되었지만, 나는 매년 카이저(Kaiser Permanente)라는 미국 대형병원에서 주최하는 콘퍼런스에 매년 참석하며 networking에 힘썼다. 집은 늘 어수선했고, 엄마로서도 빵점이었지만, 딸의 딸을 키우는 엄마에게는 늘 미안한 마음뿐이었다. 어릴 적 내 꿈이었던 현모양처와는 점점 멀어지는 듯했다. 그렇게 지쳐가던 어느 날, 운 좋게 카이저 콘퍼런스에서 만난 Recruiter에서 Per Diem (정규직이 아니라 병원에서 필요할 때 연락을 받고 근무를 나가는 포지션 : 보험 혹은 은퇴 같은 베네핏이 없는 대신에 불규칙한 스케줄로 일당이 1.5배 높음) 자리를 제안받았다. 두 번의 인터뷰 끝에 합격 통보를 받았다. 주중 이틀만 일해도 이전 직장에서 주 5일 일하는 것과 비슷한 연봉을 받는 조건이었다. 선생님께 나간다는 말 대신에 카이저에서 제시한 페이 조건을 말씀드리자 맞춰줄 수 없다면서 미안하다면서 기회를 찾아가라고 말씀해주셨다. 아쉽고 죄송하지만, 아무것도 모르던 나를 키워주신 선생님께 감사드리는 마음을 안고 개인 병원을 나왔다. 그렇게 나는 가정주치의로 카이저로 3년만에 이직을 했다.

    Per Diem은 길게는 1~2주 전에, 짧게는 일하기 전날 연락이 온다. Inglewood에서부터 Apple Valley까지 (한국으로 치면 서울에서 대구까지), 필요한 곳이라면 어디든 달려가 일했다. 대신 먼 거리를 운전하는 시간까지 급여로 계산해 주고, 마일리지도 따로 챙겨주었다. 장거리 운전하는 시간 외에는 일도 훨씬 수월해졌다. 하루에 보는 환자 수도 총 20~28명 정도로 줄었고, 주치의가 아니었기에 응급 진료만 하고 다시 주치의에게 보내면 되었다. 마음의 여유가 생기고, 봉급도 오르자 신기하게도 거의 반년 동안 애타게 기다리던 둘째가 자연스럽게 생겼다. 둘째 출산 두 달 전에는 지금 일하는 카이저 클리닉에서 파트타임 자리에 운 좋게 채용되어 보험 혜택까지 받게 되었다. 근무시간도 주 20시간, 2주를 주기로 한 주는 주중에 10시간씩 두 번, 다른 한 주는 주중에 하루와 주말에 5

시간씩 일하는, 아이 키우기에는 천국 같은 조건이었다. 첫째를 낳을 때는 NP로 일했음에도 불구하고, 보험이 좋지 않아 자연분만 후 48시간도 안 되어 퇴원했는데도 3000불 가까이 병원비를 냈다. 카이저에 취직하면서 빵빵해진 보험 덕에 둘째는 단돈 100불로 출산할 수 있었다. 그렇게 아이는 둘에서 셋으로, 셋에서 넷으로 늘어났다. 물론 긴 이야기가 있지만, 팬데믹이 오지 않았더라면, 양가 부모님이 10분 거리에 살지 않으셨다면, 큰 아이들 둘이 지금보다 더 부잡스러웠다면, 우리도 둘에서 멈췄을지 모른다. 시부모님과 친정 부모님께 받은 육아 도움과 저녁 공양은 평생 감사하며 갚아도 모자랄 것이다.

엄마로 간호사로의 행복한 나의 삶

우리의 아침은 늘 시끄럽고 정신없다. 7시에서 7시 30분쯤 일어나 아이들 옷을 챙겨 입히고, 셋째와 넷째 기저귀를 갈고 옷을 입힌다. 1층으로 내려와 아침을 준비하고, 아이들과 남편 도시락을 싼다. 남편은 아이들 물병을 씻고 간식을 챙기며 학교 가방을 준비한다. 내가 쉬는 날은 조금 여유롭지만, 일하는 날은 막내 도시락(하루 먹을 이유식, 간식, 과일, 요거트, 그리고 모유/분유)까지 준비하느라 정신이 없다. 남편은 "늦어! 늦었어!"를 외치며 아이들과 나를 재촉하고, 큰 아이들을 학교에 데려다주고 돌아와 출근 준비를 한다. 셋째는 집에서 30분 거리에 있는 한국 유치원에 다니는 터라, 남편 혹은 내가 출근길에 30분을 돌아간다. 막내는 집 앞 미국 데이케어에 주 3일 맡기고, 하루는 친정엄마가 봐주신다. 일주일 중 화요일 하루는 온전히 집에서 쉬며 집안일도 하고, 아이들 방과 후

활동을 따라다니며 함께 시간을 보낸다.

아이가 넷인 집은 늘 콧물 흘리는 아이가 한 명씩 있고, 눈물과 웃음소리가 끊이지 않는다. 하루 종일 청소해도 집은 치운 티가 나지 않는다. 마치 늘 빨래가 쌓여 있는 것처럼. 하지만 일주일에 2~3일 일하고, 나머지 날들은 아이들과 함께 보낼 수 있음에 NP라는 직업에 감사한다. 넉넉하진 않지만, 네 아이가 원하는 것을 먹이고 사줄 수 있는 경제적 능력에 감사한다. 지금 보면 참 운이 좋았다고 생각이 되지만, 그 운을 타기 위해 나는 늘 무언가를 하면서 준비를 하고 있었다. 고된 하루하루 속에서도, 나는 오늘도 감사하며 또 내일을 배우고 준비하면서 살아간다. 또 어떤 운이 그리고 더 큰 행복이 기다릴지 모르니. 그리고 이 이야기가, 미국 간호사의 삶을 꿈꾸는 누군가에게 작은 용기와 위로가 되기를 바란다.

신생아 중환자실 RN에서 네 아이 엄마, 그리고 PMHNP까지

미국은 다 'case by case'였다. 고등학교 1학년을 마치고 아빠의 주재원 발령으로 미국에 왔다. 책으로 영어를 접했던 터라 ESL 반 시험에서 가장 높은 3단계에 배정받았지만, 실제로는 1단계 반에 배정되었다. "Have a seat."이라는 선생님의 말에 "OK."라고 대답하며 서 있다가 결국 "Sit down."이라는 말을 듣고서야 앉았다. 눈으로 익힌 영어와 실제 회화 간의 간극을 뼈저리게 느낀 순간이었다. 매일 영어를 공부하며 스스로를 증명해야 했고, 아빠는 매주 교장실을 찾아와 나를 더 높은 반으로 올려달라고 항의했다. 그 결과 나는 3개월만에 ESL 반에 나올 수 있었다. 미국에서 모든 일이 'case by case'라는 것을 처음으로 깨달았다.

이후 10학년으로 진학했지만, 한국에서 이수했던 과목들이 인정되어 갑자기 12학년이 되는 특별한 경험을 했다. 교장 선생님과 아빠와의 미팅에서, 미국 고등학교는 필수 과목을 이수하면 졸업이 가능하다는 것을 알게 되었다. 영어, 수학, 과학 등 기본적인 과목을 이미 이수한 나는 미국의 역사 과목 네 가지(US history, World history, US Economy, and US Government)만 이수하면 졸업할 수 있다는 통보를 받았다. 하지만 동시에 "Most likely, your daughter will fail and will not be graduating."이라는 말을 들었다. 해보지도 않고 실패할 거라는 말에 오기가 생겨 무조건 해내겠다고 다짐했다. 역사 과목 세 개를 동시에 수강하며 높은 점수는 아니었지만, 결국 fail 하지 않고 졸업했다. 이 또한 나에게는 "case by case" 성공 사례로 남았다.

17살에 고등학교를 졸업하고, 동네 2년제 대학교에 진학했다. 대학에서는 정말 공부에만 매달렸다. 수업시간에는 이해가 안 되는 부분을 교수님들의 오피스 시간을 이용해 끊임없이 질문했고, 학교 내 English Lab을 찾아 에세이와 과제 도움을 받았다. 처음부터 간호사를 목표로 한 것은 아니었다. 영어가 힘들던 시절, pre-med로 방향을 잡고 공부하던 중 신분이 불안정해졌다. 아빠는 간호사가 영주권 취득이 더 쉽고 빠르기에 간호사를 먼저 하고, 그 후에도 의대가 가고 싶으면 가보는 게 어떻겠냐고 제안하셨다. 동의하며 주변 모든 간호학과가 있는 대학교에 편입 원서를 넣었다. 2년제 혹은 4년제가 중요하지 않았고, RN 라이선스를 따면 되었기에 어디로 가는지는 중요치 않았다. 2년제 간호학교 한 곳과 4년제인 California State University, Long Beach(CSULB)에 붙었다.

집에서 가까웠던 Cal State Long Beach 간호대를 선택했다. 간호대학 생활은 Community College보다 더욱 힘겨웠다. 교수님들은 친절하지 않았고, 영어가 서툰 나를 기다려주지도 않았다. 학교에서 몇 명 안되던 반가운 한국 친구들과 한국어로 대화하면 영어로 말하라는 압박을 받았다. 매일 밤샘하며 care plan을 작성하고 공부했지만, 좋은 점수를 받기 어려웠다. 졸업 전에는 두 가지 시험(GWAR 영어 시험과 ATI test)을 통과해야 했다. 나는 두 시험을 모두 두 번 치른 최초의 졸업생일 것이다. 열심히 공부했지만 첫 번째 시험에서 모두 떨어졌다. 간호학장님을 찾아가 문의했고, 또다시 'case by case'로 처음으로 2주 후 재시험을 허가받아 후배들에게도 길을 열어주었다. 운 좋게 두 번째 시험에서 간신히 합격하여 졸업장을 받을 수 있었다.

대학교 졸업과 NICU RN으로의 취업

CSULB간호학과 졸업 후, 학교와 자매결연이 되어 있던 MCH 병원의 신생아 중환자실(NICU)에서 졸업생 90명 중 12명이 채용되었다. NICU 간호사들은 조금 독특했다. 늘 주변을 정리하고 환자를 철저히 보호했다. 우리 유닛은 90개 병상에 간호사 35~40명이 일하는 큰 규모였다. 그곳에서 우리 신입들은 서로 의지하며 실력을 키워나갔고, 새로운 차팅 시스템이나 펌프가 도입되면 가장 먼저 배워 선배들에게 설명하며 살아남았다. 부족한 실력이었지만, 매년 열리는 Skills lab에 자원하여 포스터를 만들고 선배들을 도우며 끊임없이 얼굴을 비췄다. 결국, 미국에서도 진심은 통했다.

그때 성과향상 프로젝트(Performance Improvement Project)가 있었다. 각 유닛에서 낮은 점수를 개선하고 회의 때 발표하는 일이었다. 개선을 할 때 야간/주간 근무를 오가며 200명이나 되는 유닛

전체 간호사들을 교육해야 했기에, 사실 아무도 맡고 싶어하지 않았다. 나는 이걸 모든 간호사들을 만날 절호의 기회라고 생각했고, 기꺼이 프로젝트에 적극적으로 참여했다. 6개월 내내 나는 부서의 모든 간호사들 차트를 일일이 확인하고, 한분 한분 만나 올바른 작성법을 알려드렸다. 덕분에 어느새 부서 내 모든 간호사들의 스케줄은 물론, 개인적인 관계까지 꿰뚫는 핵인싸가 되었고, 오프데이가 필요한 간호사들을 서로 연결해주면서, "Trade Queen"이라는 재미있는 별명까지 얻었다. 이 모든 것은 내가 한 발 더 나아가 무언가를 더 했기에 얻어진 결과였다. 그렇게 나는 신나게 일하고, 일하면서도 선교 활동, 성당 봉사 활동 그리고 여행을 다니며 정말 행복한 20대를 보냈다.

학업 재개와 FNP로 도약, 그리고 PMHNP로의 전환

미국의 큰 병원들은 대부분 학비 지원 프로그램을 운영한다. 당시 자매 결연을 맺은 CSULB로 대학원을 가면 학비 전액 지원은 물론, 주 36시간 풀타임 근무 직원에게는 주 8시간의 유급 학습 시간과 책값까지 지원되었다. 단, 졸업 후 병원에서 3년간 근무해야 하는 계약 조건이 있었다. 나는 그렇게 병원의 지원을 받아 대학원을 무료로 다닐 수 있었다. 대학원 과정 중 학교에서 Clinical 실습을 할 수 있는 작은 개인 병원을 소개받았다. 인도인 의사 선생님은 늘 1시간씩 늦게 출근하셨지만 환자 한 명 한 명에게 진심을 다해 친절하게 진료하셨다. 나는 선생님 옆에 붙어 성실히 일했고, 퇴근하실 때까지 옆에서 하나라도 더 배우려고 노력했다. 그렇게 1년을 함께 일했더니, 졸업 후 선생님은 나에게 함께 일하자고 제안하시며 병원에 내야 하는 계약금 전액(약 2만 5천 달러)을 대신 내주셨다. 망설일 이유 없이 계약하고 개인 병원 FNP로 취업했다.

개인 병원에서는 배울 것이 많았지만 힘든 시간들이었다. 주 3일 근무하던 스케줄이 주 5일로 바뀌었고, 결혼 후 가정을 이루고, 일 시작 1년 만에 첫딸이 태어났다. 솔직히 개인 병원은 휴일, 그리고 주말을 걱정 없이 쉬어서 너무 좋았지만, 주 3일을 일하다가 주 5일을 꽉 채워 일하려니 몸이 너무 힘들었다. 그리고 출산 후, 2개월 만에 복직한 나는 일과 육아의 경계가 모호한 매일을 보냈고, 3년째 재계약을 앞두고 지난 3년간 고작 5달러 오른 시급을 보며 깊은 회의감을 느꼈다.

그때쯤 Kaiser에서 매년 주최하는 콘퍼런스에서 리크루터를 만나 당시 개인병원 시급의 두 배를 제안받았다. 그렇게 나는 Kaiser라는 대형 병원에 운 좋게 취업했고, 몇 달 후 파트타임 자리를 잡았다. 점점 늘어가는 아이들과 생활비, 그리고 계속해야 하는 공부와 학비에 대한 부담 속에서, 역시 Kaiser 병원에는 RN으로 일하던 MCH처럼 학비 지원 프로그램이 있었다. PMHNP 프로그램을 알아보고 학비 지원을 알아보니, 1년에 3,000달러, 간호사 노조협회(Union)에서 500달러까지 지원받을 수 있었다.

당시 Cal State LA와 Johns Hopkins University 두 곳에 동시에 합격했고, 마지막까지 정말 고민했다. LA 학교에 가면 학비가 저렴하여 돈을 벌면서 다닐 수 있었지만, Johns Hopkins는 학비의 30~40% 정도만 지원되고 나머지는 모두 부담해야 했다. Johns Hopkins를 선택한 결정에는 80%가 남편의 격려와 지지가 큰 영향을 미쳤다. 너무나 큰 사랑과 배려 덕분에 학교를 다니던 중 지금의 막내를 임신했고, 졸업 한 달 전에 아기를 낳아 출산 휴가 중에 졸업했다. 그리고 PMHNP 국가고시 자격증 공부를 하여 certificate을 취득했다. 우리 막내는 아이들 중에서 가장 똑똑한 아이가 아닐까 싶다.

간호사의 꿈, 엄마의 꿈

"What do you want to be when you grow up?" 늘 주변의 고등학생들에게 물어본다. 모른다고 대답하거나, 아직 꿈이 없다고 하면 나는 늘 간호사를 추천한다. 고등학생뿐 아니라, 30대, 40대 언니들에게도 자신 있게 말한다. "간호사를 하세요." 비자 문제로 간호사가 된 후, 의대는 돌아보지 않았다. 12시간 근무 후 병원 문을 나설 때의 해방감은 최고다. 사람을 좋아하고 돕는 것에 보람을 느끼는 나에게 간호는 천직이라는 생각이 든다. 안정적인 직업 환경에서 전문성을 키우고 다양한 분야로 성장할 가능성이 열려 있다. 환자들의 회복을 돕는 보람은 어떤 직업과도 비교할 수 없다. 유연한 근무 형태 덕분에 일과 삶의 균형도 가능하다. 엄마, 화가, 선생님, 소아과 의사를 꿈꿨던 나는 간호사로서 이 모든 꿈을 이뤘기에, 나는 늘 간호사를 추천한다.

인생 경험이 없던 21살 첫 직장으로 다닌 NICU에는 500g 미숙아부터 4kg 우량아까지 다양한 아이들이 있다. 간호사들이 힘들어하는 부모 중 하나는 Exclusive breastfeeding(전적으로 모유만 먹임)을 고집하는 경우였다. 엄마가 나타나지 않으면 아이는 계속 울었다. 20대의 철없던 나는 그런 부모가 이기적이라 생각했다. 하지만 내가 아이를 낳고 키우다 보니, 밤에 아이에게 가는 몇 걸음조차 힘들 때가 종종 있었다. 아이를 낳고 하루이틀만에 먼 병동을 오가며 수유하러 오는 엄마들을 이기적이라 여겼던 내가 부끄러웠다. 그리고 NICU에 아이들이 맘 깊이 안쓰러웠다. 경험이 중요하다는 걸 몸으로 느끼면서 섣불리 환자들을 판단하지 말자고 다짐했었던 기억이 난다.

RN에서 FNP, 그리고 PMHNP 도전

NP는 내 꿈이 아니었다. RN공부에 지쳐 다시는 안 하겠다고 마음먹었기 때문이다. 하지만 선교를 가니, 간호사인 나에게 의료질문을 종종 했고, 활동 중 내가 할 수 있는 것이 아무것도 없음을 깨닫고 공부해야겠다는 마음을 먹었다. 그렇게 NP가 되고 3년쯤 지나니 아는 것과 모르는 것을 구분하고 모르는 것을 어디서 찾고 배울 수 있는지 알게 되었다. 첫 직장인 개인병원에서 일한 지 2년쯤 지난 뒤, 의사 선생님이 클리닉과 온콜(On-call: 환자가 저녁때도 전화가 오면 1시간 안에 콜백을 해줘야 한다)을 맡기고 여행을 가셨다.

그때 기억나는 환자 두 명이 있다. 한 명은 두통과 시력 변화로 온 스케이트 챔피언십 참가를 앞둔 10대 환자였다. 심한 낙상 경력이 두 번 있어 MRI를 오더하며 응급실로 보냈다. 다른 한 명은 항생제를 받으러 온 심한 기침 환자였다. 폐렴이 아니었음에도 항생제를 강요해 X-ray 오더와 항생제를 처방하자 불평하며 나갔다. 밤에 온콜 번호로 나를 고소하겠다며 컴플레인까지 했다. 힘듦과 억울함에 혼자 울었다. 소송감도 되지 않게 잘 처리했다는 의사 선생님의 칭찬이 나에게는 소소한 위로가 되었다. 2주 후, 10대 환자의 MRI에서 뇌종양이 발견되었다. 엄마는 나를 붙잡고 울며 고마워했다. 가정주치의로서의 무게를 느낀 날이었다.

그러던 중, 남편을 심장마비로 잃고 건강이 나빠진 20년 단골 할머니를 만났다. 우울증 증세를 보여 정신과를 보내려 했으나 대기 시간이 길었다. 그때 처음으로 정신과에 관심을 가졌다. 우울증 약 처방 후 한 시간 동안 이야기를 들어드리고 2주 후 다시 오시게 했다. 6개월 후, 할머니는 약과 상담으로 회복되었고, 다시 활력을 찾았다. 할머니의 회복을 보며 단순히 신체 치료를 넘어 마음을 보듬는 것이 얼마나 중요한지 깨달았다. 이쯤에 개인 병원을 그만두고 카이저로 옮겼다.

PMHNP(정신과 전문 간호사)로의 여정

할머니를 만나며 나의 부족함을 느끼고 정신과에 관심을 가졌다. 이미 정신과 NP 프로그램을 찾고 있었고, Azusa 대학교에 합격했지만, 거리가 너무 멀었고, 둘째 임신을 핑계로 공부를 포기했었다. 2개월 후 팬데믹이 터져 모든 학교가 원격으로 전환되었지만, 정신없던 팬데믹 기간 중 뭘 잃었는지도 몰랐다. 몇 년 후, 정신과 간호사 언니의 커버를 부탁받아 홈리스들을 치료하는 PMHNP의 세계를 경험했다. 그동안 다녀왔던 자메이카, 멕시코 선교가 아니라 LA 한가운데 homeless가 이렇게 많고, 정신병력으로 고통받는 사람들이 많다는 것을 눈으로 확인했다. 2주간 언니와 다니며 홈리스들이 나를 믿고 자기 이야기를 해

주는 것에 감사함을 느꼈고, PMHNP 공부를 결심했다.

집에 돌아와 남편과 아이들에게 학교를 다시 다니겠다고 말하며 도움이 필요하다고 했다. 남편은 지난 5년간의 고민을 알고 있었기에 해보라며 다독여 주었다. 대학원은 쉽지 않았다. 이미 세 아이의 엄마이자 주 2일 근무하며 집안일과 육아를 병행해야 했다. 공부는 일과 육아를 끝낸 후, 밤 10시부터 새벽 3~4시까지 이루어졌고, 책도 세 번 네 번 읽어야 겨우 이해했다. 혼자서 씨름하는 시간은 외롭고 힘들었지만, 졸업 후 PMHNP 자격증을 취득한 나의 모습을 상상하며 버텼다. 넷째 임신 중에도 포기하지 않고 겨우 두 번째 대학원인 Johns Hopkins University를 졸업했다. 이제 공부가 싫지 않고 평생 함께 가야 할 간호사의 업으로 받아들였다.

아이들과 남편의 희생 덕분에 PMHNP가 되어 또 다른 도약을 준비 중이다. 나의 여정은 늘 간호사의 꿈과 엄마의 꿈이 함께 엮여 있었다. 두 꿈은 때론 지친 나를 일으켜 세우는 원동력이 되었고, 언어와 문화 장벽, 학업 고통, 육아 현실 속에서 포기하지 않게 했다. 이제 FNP이자 PMHNP로서 사람들의 마음을 보듬고 정신건강을 살피는 간호사의 꿈을 꾸고 있다. 동시에 네 아이의 엄마로서 더 깊은 이해와 사랑으로 그들의 성장을 돕고 있다. 이 두 가지 소중한 꿈을 가슴에 품고 끊임없이 배우고 성장하며 세상에 따뜻한 온기를 전하고 싶다.

유수정

MSN, APRN, FNP-BC
가정전문간호사
Email : soojungyoo.np@gmail.com

- 2025년 Johns Hopkins School of Nursing, 정신건강전문간호사 (PMHNP) 과정 이수 중
- 2022년 University of Phoenix, 간호학 석사 및 가정진료전문간호사(FNP-BC) 자격 취득
- 2019년 University of Phoenix, 간호학 학사 취득
- 현 Federal Bureau of Prison(미연방정부교도소) - FNP 근무
- 현 남가주한인간호사협회 28대 부회장
- 전 Jonah Medical Group & Nanoom Medical Group - FNP 근무
- 전 Golden Springs Medical Clinic - FNP 근무
- 전 Los Angeles County Correctional Health Services -RN 근무
- 전 Los Angeles County Department of Health Services - RN 근무

6장

저는 연방정부 교도소 간호사입니다

조그만 게 껍대가리가 없다.
그래서 나는 한국인

예상경로를 이탈한 허리케인과 Nurse Practitioner

'TO Jacksonville, Southwest, fight # 4211, GATE C2, Departure Time 7:30PM - Canceled'

'잭슨빌행 사우스웨스트 항공 4211편, C2 게이트, 출발 시간 오후 7시 30분 - 결항'

"아싸!"

전광판을 확인하면서 역시 하늘은 내 편이라고 생각했다. 1급 허리케인을 핑계 삼아 엘에이로 돌아가 뽀송한 내 집에서 잘 수 있을 거란 기쁨에 냅다 수퍼바이저에게 문자를 보냈다.

"미스터 박! 나 여기 Nashville 공항이야. 1급 허리케인 Debby로 인해 Jacksonville공항으로 갈아탈 여객기가 캔슬됐어. 아무래도 위험한 거 같은데. 나 지금 엘에이로 가는 항공권으로 바꿔서 돌아갈게. 안타깝지만, 글링코(Glynco)에서 하는 훈련은 다음으로 스케줄 할게"

내가 예상했던 흔히 말하는 티타늄밥그릇이라 불리는 미연방정부공무원은 이런 상황에서 집으로 돌아가는 항공권을 끊고 여유있게 연방정부와 계약을 맺은 할인 호텔에서 일박을 한 후 도시 구경을 하고 돌아간다. 물론 그 비용은 나중에 다시 그대로 청구해서 받는 기분 좋은 상상을 했다…. 그러나, 돌아온 대답은 달랐다.

'YOO! DO NOT RESCHEDULE! YOU GO TO GLYNCO.'
'리스케줄 하지마, 글링코(Glynco)로 가!'

느낌이 싸했다. '뭐지? 이 명령?'
수퍼바이저의 '명령?'대로 그리고 그가 연결해 준 비상담당자의 도움으로 Nashville 공항 인근의 호텔에서 일박을 한 뒤 다음날 Jacksonville 공항 비행기(도착시간 밤 11시)에 몸을 실었다. 목적지는 조지아 주 글링코에 위치한 'Federal Law Enforcement Training Center (FLECT): 미국 연방 법집행관 훈련소'.

밑도 끝도 없는 출발연기로 공항에서 4시간을 버텨 겨우 비행기를 타 밤 11시에 잭슨빌 공항에 도착했다. 자정에 센터에서 나온 셔틀버스에 몸을 실었다. 허리케인으로 폭우가 내리고 있었고 곳곳에 도로가 침수되고 사고가 난 곳도 많았지만 (고속도로에서 바로 몇 분 전에 사고가 난 현장을 지났다) 운이 질기게 좋아서 새벽 2시 넘어 훈련소사무실에 도착신고를 했고, 새벽 3시, 배정받은 기숙사로 들어갔다. 루이지애나에서 온 룸메이트가 잠에서 깼다. 친절한 그녀는 나를 안타까운 눈빛으로 보면서 말했다.

"스쿨빌리지(School Village: 교육빌딩들이 모여 있는 장소를 지칭하는 말)가는 셔틀 타려면 새벽 5시에 일어나 준비해야 하는데…. 근데 오늘은 7시까지 운동장 집합이야. 오늘 체력테스트 하는 날이야."

'젠장, 첫날이 마지막 날이야?'

나중에 들었지만 체력테스트에서 떨어졌던 친구들은 당일 바로 비행기 티켓을 받고 돌아가야 했고 그 다음날 새벽 나오지 말라는 해고통보 이메일을 받았다고 했다.

연방정부간호사의 확장된 역할
: LEO (Law Enforcement Officer)

난 Nurse Practitioner, 진료 전문 간호사이다. 현재 미국 연방 교정국에서 일하고 있다. 그래서 또 다른 직함도 가지고 있다. Law Enforcement Officer라는 한국말로는 연방정부 법집행관 혹은 경찰관이다. 이 직업이 가진 역할 중에 간호사의 역할과 겹치는 게 있다면 '공공의 안전을 보호한다' 정도(?)이다. 교정국, 흔히 말하는 미국의 교도소에서 일하는 의료제공자들이 전부 법집행관의 타이틀을 따야 하는 건 아니다.

난 로스앤젤레스 카운티 교정 보건국(Los Angeles County Correctional Health Department)에서도 간호사로도 일했었다. 그곳에서는 교도관들이 항상 나를 안전하게 에스코트 해주었으며 난 그저 환자의 아픈 곳만 케어하는 것이 전부였다. 그러나 내가 현재 일하는 곳은 체력 훈련, 호신술, 사격 훈련 등을 배우고 실기와 필기 테스트를 통과해 법집행관(Law Enforcement Officer)의 타이틀을 따야 정식으로 일할 수 있다. 이유는 간단하다. 오늘도 난 환자와, 그러니까 손과 발이 아주 자유로운 죄수들과 일대일로 좁은 방에서 혼자 문진했다. 방검복을 입고 왼쪽 허리에 무전기의 상태를 확인하면서, 만약을 대비할 스프레이는 오른쪽 허리에 차고, 탈출할 동선도 머릿속에 늘 확보하고 말이다.

안전, 안전, 그리고 또 안전

미국에서 간호사로서 일하면 귀에 인이 박일 정도로 듣는 것이 '안전'이다. 그러나 이 '안전'은 비단 간호사에게만 해당되는 것이 아니다. 미국은 공공서비스에 해당되는 모든 영역에는 무조건 '안전'이 최우선이다.

2시간의 쪽잠을 잤다고, 여자라고, 체구가 작은 동양인이라고, 나이가 50이 넘었다고 해서 테스트들의 강도와 훈련이 달라지진 않았다. 8월 조지아의 폭염처럼 그들의 기준은 공평했으며 정확했다. 나중에야 이해했다. 그들이 맞았다. 사고는 예측할 수 없고 대상을 가려서 오는 게 아니었다. 약물중독에 의해 판단력이 흐려진 죄수들의 행동은 예측하기 힘들다. 미연방교도국(FBOP) 행정부 사무실 앞에는 이런 불의의 사고로 목숨을 잃은 고인들의 사진들이 나열되어 있다. 물론 이 중에는 의료제공자들도 있다.

눈치도 안 보고 겁대가리도 없다.

허리케인으로 하루 늦게 도착하는 바람에 첫날 오리엔테이션을 놓쳤다. 눈치껏 따라가는 것이 맞지만 그러기엔 훈련소의 규모가 너무 컸다. 하나의 소도시를 훈련소로 만든 FLETC는 미 전역에 4개의 훈련시설을 운영한다. 연방정부 각 에이전시들에 새로 입사한 직원들은 전미 지역에서 이 훈련장소로 와서 기관의 역할에 따라 짧게는 1개월에서 길게는 1년의 훈련을 받는다. 점심을 먹고 사격훈련장으로 가기 위해 셔틀을 타야 했는데 화장실을 잠깐 간 사이 셔틀을 놓쳤다. 화씨 102° 끈적한 플로리다의 땡볕 아래 내 덩치만 한 가방을 메고 지도를 한 손에 쥐고 4마일은 족히 넘을 거리에 있는 사격장을 향해 달렸다. 갑자기 SUV 차량 한 대가 내 옆에 멈추었다. 차 안에서 반짝이는 대머리가 보인다. 앗! FBOP 총 훈련교육관!

'헉! 독사다!'

그 넓은 곳에서 하필 '독사'한테 걸렸다. 그는 차에서 내렸다. '어디로 가는 거냐, 몇 기이며 너의 담당교육관은 누구냐' 물었다. 당황한 나는 내가 셔틀을 놓친 것을 해명했다. 그는 운전자에게 사격장 교관이 직접 날 픽업할 것을 지시하고 먼저 차를 보냈다. 그리고 그는 땡볕을 나와 함께 몇 분을 함께 걸었다. 태양보다 독사의 열사병에 대한 잔소리로 숨이 막힐 무렵 마중 나온 사격 교관의 차를 타고 15분이나 늦게 클래스에 도착했다. 동기들은 모두 긴장한 얼굴로 날 기다리고 있었다. 정말 죽을 맛이었다. 그날 오후부터 전 FBOP훈련생들은 모든 이동에서 대열과 구호에 맞춰 함께 움직여야 했다. 그날 이후 난 요주의 인물이 되었고 동기 케이티는 엄마처럼 나를 챙겼다. 무조건 살아남아야겠다는 생각에 본능적으로 뛰었다. 다행히 난 실기와 필기 모든 테스트들을 통과했다. 정말이지 처음 잡은 rifle gun(라이플건: 장거리 정밀 사격용 총기)은 너무 무거웠다. 그리고 Recoil(반동) 때문에 어깨와 가슴에 미 대륙만 한 피멍을 남긴 shotgun(샷건: 넓은 범위에 여러 탄환을 퍼뜨리는 총기)은 방아쇠를 당길 때마다 너무 두렵고 아팠다. 출발 전 사격훈련을 걱정하던 나에게 한국말을 못 하는 한인 2세였던 나의 수퍼바이저는 내 작은 손에 맞는 권총이 있을 거라는 거짓말로 나를 안심시켰다. 그의 전략은 먹혔다. 한국인 '누나'가 통과할 거라는 걸 알고 있었다. 사격훈련을 제외한 다른 모든 영역에서 난 'Honored Graduate(우수졸업생)'으로 아카데미를 졸업했다. 수퍼바이저는 우리 엘에이 센터에서 닥터 A 이후 10년만에 처음이라고 기뻐했다. 그러나 정작 난 가슴팍에 멍, 몸뚱아리 마디마디 통증, 그리고 단체 생활에서 무좀을 얻은 자신을 보니 기가 막혔다. 엘에이로 돌아와서 'Honored Graduate'에 대한 보상 휴가를 확인했을 때야 겨우 웃었다. 이젠 거짓말로 나를 안심시켰던 한인 2세 수퍼바이저가 얄밉고도 한편으론 참으로 고맙다. 살면서 새로운 삶의 한계치를 경험하게 해줬다는 것, 그리고 무조건 날 믿어준 것도 고맙다. 난 알고 있다. 내가 한국인이라 그도 밀어붙였다는 걸….

영어는 실전이지
실력이 아니다

"What is your primary language?"

"당신이 주로 사용하는 언어는 무엇인가요?"

학교에 가든 직장을 구하든 구직신청서를 쓰는 동안 받는 기본적인 질문이다.

답은 "English"이다. 이유는 간단하다. 영어는 현재 나의 일상생활에서 70~80% 이상을 구성하는 언어이기 때문이다. 학교나 기업에서 이 내용을 확인하는 의도는 간단하다. 후보자가 영어를 사용해서 학교나 기업생활에서 커뮤니케이션에 문제가 없고 과제나 일을 처리하는 데 문제가 없다는 것을 확인하는 것이다.

영어는 미국 고용시장에서 기본 실전이지 실력이 아니다. 한국에서 영어는 실력이다. 국어가 모국어고 영어는 제2외국어이기 때문이다. 제2외국어를 하는 것은 실력이다. 그 실력으로 급여가 달라진다. 그러나 내가 살고 있는 곳은 미국이다. 미국에서는 '한국어'가 실력이다. 영어는 Primary language(주로 사용하는 언어)이고 한국어는 제2외국어다. 생각을 바꿔야 한다. 분명히 말하지만 영어는 실전이고 생활이다. 미국 사회에서 특별한 환경을 제외하고 일반적인 미국 병원이나 클리닉에서 간호사로 일을 하는 동안 누구도 나의 Primary language가 영어라는 것을 의심하지 않는다. 그들은 나를 이중언어사용자로 이해하며 그 장점으로 나의 고용 가치를 더 높게 쳐 준다. 실제로 병원의 온라인 지원서에는 '이중언어구사'란이 있으며 그곳에 하나라도 넣는 것이 취업에 더 유리하다. '이중언어사용자(Bilingual Speaker)'로 등록해서 회사에서 요구하는 이중 언어 능력 평가에 통과하면 크진 않지만 고단한 일들로 지친 마음에 위로가 될 정도의 기분 좋은 추가소득을 받을 수 있다.

시험에서 실전으로

난 한국에서 인디다큐멘터리 감독이었다. 인권을 소재로 동지(?)들과 작품을 제작했지만 녹록지 않았던 현실과 생활고로 10년 뒤에 다시 수능을 보고 03 새내기로 교대를 입학, 졸업 뒤 초등학교 교사생활을 짧게 했었다. 대입과 수능, 두 대입고사를 치르는 동안 나에게 영어는 시험이자 과제였지 실전은 아니었다. 영어교육과로 교대를 졸업할 당시 졸업에 필요한 토익점수를 맞추기 위해 토익을 봤던 것이 마지막 테스트였다. 시험은 시험일 뿐 실전도 실력도 아니었다.

인생에서 몇 번 시험만 치면 그만이었던 영어가 엘에이 생활을 시작하면서, 아니 엄밀히 말해 간호학교를 다니기 시작하면서 의미가 달라졌다. 누군가를 도와주면서 생활도 여유롭게 할 것이라는 기쁜 생각으로 풀타임으로 낮에 일하고 야간에 클래스가 있었던 LVN Nursing school(실무간호사 양성 학교)에서 간호공부를 시작했었다. 2009년 당시 MP3 녹음기로 모든 강의를 녹음하고 수업이 끝난 후 집으로 돌아와 다시 들으면서 늦은 밤까지 노트를 정리했다. 병원에서 실습은 강사와 동료들에게 집요하게 반복해서 묻고 또 묻고 이해될 때까지 내용을 확인하면서 사고만 면하자는 심정으로 조심스럽게 겨우 통과할 수 있었다. 미국 간호사로의 생활이 시작되면서 영어는 시험이 아니라 이제 영원한 인생 과제가 되었다. 영어는 이제 나의 가슴과 인생에 무거운 추가 되어 달렸다.

영어라는 추의 진자 운동

무겁다. 영어는 참 무거운 추이다. 그러나 그 추의 진자 운동은 나의 미국 간호사 생활을 지탱하게 하는 가장 근본적인 동력이 되어왔다. 마치 혈액순환을 가능하게 하는 심장의 박동처럼….

실무간호사(LVN)을 거쳐 간호사(RN)으로 본격적으로 일했던 곳은 Los Angeles County Department of Health Service(로스앤젤레스 카운티 보건복지국)에 소속된 집중 재활 전문병원(acute rehabilitation hospital)이었다. 나를 인터뷰했던 매니저는 나에게 병동에서 경력이 오래된 필리핀 간호사를 Preceptor(실습지도자)로 짝을 지어주었다. 3달 동안 난 그녀를 나의 멘토로 삼고 현장에서 필요한 것들을 배웠다. 내가 일했던 곳은 뇌졸중 병동이었다. 그곳은 말 그대로 다인종 다문화였고 다양한 Accent(억양과 말투)가 넘치는 공간이었다. 영어라는 무거운 추를 가슴에 달고 있었던 나는 처음 동료들을 만났을 때 살갑게 다가가긴커녕 말도 잘 못 걸었다. 게다가, 원래가 혼자 놀기를 좋아하는 비사교적인 성격이었던 탓에 동료들과 환자와 일에 대한 사무적이고 간단한 대화만 할 뿐 다른 친근한 대화법을 할 줄 몰랐다. 그래서일까? 난 쉽게 New graduate(신입)을 향한 Bullying(따돌림)의 타깃이 되었다.

분노는 나의 힘 : 생존 영어

나에게 Bullying(따돌림)을 했던 당사자는 20대 초반의 필리핀 간호사였다. 그녀는 병원 운영진으로 올라가기 위해 리더십 역할을 도맡아서 해 평소 매니저의 총애를 받았었다. 그런데 그녀와 그녀를 따르는 무리는 유독 내가 하는 질문이나 말을 듣고도 자주 무시하거나 딴청을 하곤 했었다.

어느 날, 담당했던 한 중풍 환자의 엉치뼈 쪽에 1기 욕창이 2기 욕창으로 진행된 것을 발견한 나는 환자의 상태에 대한 노트를 작성하고 프로토콜을 순서대로 적용했다. 당시 병원에는 The Joint Commission(미국 의료기관 평가위원회)에서 감사가 나와 있었는데 환자의 안전에 관한 내용에 대해 확인하고 있던 중이었다. 나를 은근히 Bullying(따돌림) 하던 그 간호사는 갑자기 나의 상처 상태에 관한 설명을 문제 삼으면서 2기 욕창이 아니라고 문제 삼았다. 진짜 문제는 그녀의 태도였는데, Nursing Station(간호사 스테이션)에서 갑자기 나에게 고함을 질렀던 것이다. 당시 매니저도 다른 운영진도 자리를 비운 사이 일을 벌였고, 함께 있던 다른 간호사들과 환자들의 시선이 일제히 나에게 쏠렸었다. 난 나의 Preceptor(실습지도자)를 불러 내용을 확인하면서 함께 그녀에게 반박했다. 그러나 그녀는 나와 나의 실습지도자의 항의를 여전히 무시하며 퇴근했다. 당시 그녀는 나의 항의는 예상했지만, 나의 다음 반격은 예상하지 못했다.

난 환자의 wound(창상) 사진을 다시 자세히 사진으로 찍었고 차트에 디지털로 업데이트 보관한 뒤 조작이 불가능하도록 EMR(전자 진료기록) 노트에 그녀의 이름과 날짜, 시간, 목격자와 함께 그녀가 주장했던 내용을 적었다. 그리고 간호사 스테이션에서 벌어졌던 Bullying(따돌림)에 관한 사건은 육하원칙에 따라 중인들의 이름까지 포함해 Official Incident Report(공식 사고 보고서)를 작성해 다음날 매니저에게 제출했다. 물론 카피는 보관하고 말이다. 매니저는 다음날 바로 문제에 대한 조사에 들어갔고 결국 그녀는 나를 따로 찾아와서 사과해야 했다. 그녀와 그녀를 따르던 한 간호사는 다른 곳으로 옮겼고, 은퇴가 얼마 남지 않았던 그 무리의 다른 한 간호사는 그해 은퇴를 했다. 당시 Bullying(따돌림) 경험은 처음이 아니었다. Nursing Home(장기요양시설)에서 LVN(실무간호사)로 일할 당시 나를 Bullying(따돌림) 했던 간호조무사에 관해서 날짜와 사건을 모두 모았다가 기록해 종이에 적어 나의 사인과 함께 디렉터에게 제출했었다. 당시 나의 리포트에는 환자의 안전에 관련한 내용도 있었고 DON은 보고를 받고 이틀 뒤에 그녀를 해고했었다.

분노이다. 영어는 나에게 분노이다. 사용할 무기이다. 그래서 영어는 나에게 실전이다. 전투에서 생존의 욕구에 따라 습득했다. 남들처럼 로맨틱하게 혹은 모범생처럼 영어를 배웠으면 영어 '실력'이 좋았겠지만 난 생존의 욕구와 분노로 영어를 소리 지르면서 습득했다. 속된 말로 악에 받쳐 영어로 소리치면서 습득했다. 분노의 경험이 많아질수록 추의 길이도 깊어졌다. 그리고 빠르고 가빴던 움직임은 이제는 제법 여유롭다. 내가 간호사로서 일하는 동안 추의 진동은 멈추지 않을 것이다. 미국 간호사인 나에게 영어는 이제 실전이고 생활이다. 그때도 지금도 난 그 사실이 감사하다.

나는 어떻게
연방정부 간호사가 되었나

나의 멘토는 구글

엘에이에 사는 미국 이민자들 사이에는 우스갯소리가 있다. 엘에이공항에 이민 오는 첫날 누가 픽업하러 나오는가에 따라 이민자의 직업이 결정된다는 것이다. CPA가 픽업하러 오면 그 사람은 CPA가 되고 간호사가 픽업하면 간호사가 될 것이다. 우스갯소리 같지만, 이 말에는 뼈가 있다. 그 사람의 Motivation 혹은 꿈이 그 사람의 미래를 결정한다는 것이다.

아쉽게도 난 멘토가 없었다. 날 엘에이 공항에서 픽업한 사람은 식당사장님이었지만 식당 창업은 단 한 번도 꿈꾸지 않았다. 2007년 11월, 당시 도착하자마자 구입한 것은 데스크탑 컴퓨터이고 인터넷서비스였다. 나의 멘토는 구글이었다. 인터넷을 연결하자마자 매일 저녁 Income, LA, Immigration, certificate, license, female, house, rent, green card, work permit 등등의 키워드들을 입력하고 정보를 찾아 헤매고 있던 어느 날 구글이 안내한 곳은 Los Angeles County Department of Health Service(로스앤젤레스 카운티 보건국)의 인사관리 사이트에 있는 RN 구인 안내 공고였다. 당시 스크린에 올라온 엘에이 야경을 배경으로 한 LAC-USC 병원의 사진을 뚫어져라 보고 있었던 그날. 그날의 낡은 아파트의 차가운 저녁 공기 냄새를 생생히 기억하고 있는 걸 보면 아마도 그 순간 난 본능적으로 나의 미래의 방향을 결정했던 것 같다.

끌림은 있었지만 확신은 없었다. 마치 연애를 할 때 상대를 알아보듯 조심스럽게 주변 사람들에게 실제로 RN으로 일하고 있는 분들을 소개받아 물어보았다. 정보와 현실의 간극을 좁혀가고 싶었고 무엇보다 대화와 상담을 통해 나만의 동기를 찾고 싶었다. 나만의 고유한 동기 없이 몇 년에 걸쳐 끝날지 모를 주경야독의 생활을 지속할 자신이 없었기 때문이다. 나의 동기는 아주 심플했다. 누군가를 도와주면서 안정적인 생활을 할 수 있다는 사실이 가장 매력적이었다. 투자할 주경야독의 시간도 적당했다. 공부와 시험은 노력한 만큼 보상이 된다는 건 경험을 통해 알고 있었다. 그러나 취업은 자신이 없었다. 무슨 수로 미국 병원에 들어가나.

운일까? 노력일까? 아니면 '요령'인가

취업에 필요한 것은 운과 노력, 둘 다라고 말한다. 그런데 여기에 굳이 하나 더 붙이자면 '요령' 혹은 '기술'도 있다. 눈치와 동작이 빠른 사람들은 이 '요령' 혹은 '기술'을 잘 찾아 빨리 사용할 줄 안다. 안타깝게도 난 그런 부류에 속하지 못했다. 요령 없이 무던하게 노력하는 사람, '노력'하면 운이 따라 올 것이라 생각했던 사람이다. 틀린 말은 아니다. 적어도 RN program(간호학과 정규과정)을 졸업하고 Los Angeles County Department of Health Service(로스앤젤레스 카운티 보건국)에 취업하기까지는 말이다. 당시 같이 입사한 동기들은 대부분 20대였고 그들의 속도와 커리어 준비 방법은 나와 확연히 달랐다.

예전에 난 레쥬메(이력서)를 작성할 때 인터넷에서 샘플을 찾아서 가장 그럴싸했던 기본형식을 카피했다. 그 기본형식에 나의 경력과 내용을 담았다. 신청했던 그 포지션에서 원하는 내용을 조금씩만 담았다. 거의 일관적인 내용의 이력서를 응시했던 각각의 포지션들에 제출했다. 커버레터(자기소개서)도 어떤 사람의 형식을 참고해 나의 경력을 담고 응시하는 포지션과 Facility의 이름만 바꾸어서 거의 같은 내용으로 제출했다. Human resource(인사관리)를 담당하는 부서가 따로 없는 곳에 응시한다면 이 방법도 나쁜 방법은 아니다. 그러나 최선은 아니다.

내가 처음 배운 '요령'은 개별화된 이력서와 자기소개서를 준비하는 것이다. 시간과 노력을 요구하는 작업이다. 신청할 병원의 mission(사명선언문)과 포지션에 대한 Job description(업무설명)을 충실히 담은 개별화된 각각의 레쥬메와 커버레터를 준비하는 것이다. 내용을 다 바꿀 필요는 없다. 관련된 가장 최근의 경력에서 지금 응시할 위치에서 요구하고 기대하는 내용을 말 그대로, 정말 말 그대로 담아야 한다는 것이다. 난 내가 현재 일하고 있는 미연방정부교도소에 Nurse Practitioner(진료전문간호사)를 신청할 때 거기서 요구하는 Experienced Nurse Practitioner Level(경력직 전문간호사 등급)을 판단하는 survey(질문 조사) 내용을 참고해 레쥬메를 다시 만들었다. 예를 들어 나의 이전 표준 레쥬메에는 포괄적인 의미로 'Provided pharmacological interventions based on protocols and evidence; 지침과 근거 기반에 따라 약물치료를 제공합니다.'의 내용이 있었다. 이 내용을 'Provided pharmacological interventions based on protocol and evidence-based practice for renal, cardiac, upper/lower respiratory infection, TB infection, and/or liver function; 신장, 심장, 상·하부 호흡기 감염, 결핵 감염 및/또는 간 기능에 대해 프로토콜과 근거 기반에 따라 약물 치료를 제공하였습니다.'라고 정확히 그곳에서 원하는 내용을 담아 적었다. 그냥 솔직하게 말하겠다. 하나도 빠트리지 않았다. 안 했다는 것을 거짓으로 적으라는 게 아니다. 더 자세한 기술과 역할을 물어본다면 거기에 맞춰서 응시하는 곳의 내용을 최대한 맞게 편집하라는 것이다. 특히 미연방정부와 같은 큰 조직일 수록 Human Resource의 직원들이 레쥬메를 보고 그 레벨과 기준을 정한다. 요즘 같은 시대에 사람이 하는지 AI가 하는지 그 방법은 확인할 길 없지만, 분명한 건 그 과정에서 나의 레쥬메가 걸러진다는 사실이다. 인터뷰할 후보자를 거르는 첫 번째 과정은 레쥬메 하나로 결정된다. 일단 인터뷰까지는 가봐야 할 것 아닌가.

쪽수와 기빨이 밀리는 ESL의 패널인터뷰

레쥬메가 통과돼서 인터뷰가 들어오면 언제나 긴장되었다. 특히 패널 면접인지 일대일 면접인지 항상 물어본다. 난 패널 면접에 약하기 때문이다. 흔히들 패널 인터뷰를 기 빨리는 인터뷰라고 말하곤 한다. 그들은 2~3가지 질문에 집중하지만, 난 12개의 질문에 집중하기 때문이다. 쪽수로도 기빨로도 밀린다. 특히 줌에서 하는 패널 인터뷰는 더 그렇다. 개인적으로 줌에서 하는 인터뷰를 통과해본 적이 없다. 집에서 더 편하게 하는데도 말이다. 강한 지역 억양을 가진 사람과 인터뷰를 할 때는 더 힘들다. 그러나 떨어지고 떨어지고 또 떨어지고 어느 순간 물어볼 질문들이 미리 파악되는 단계쯤 되면 물어보는 사람의 억양과 상관없이 답이 나온다.

내가 배운 두 번째 '요령'은 인터뷰는 무조건 많이 보면 남는 거라는 사실이다. 레쥬메를 어떻게든 통과시키는 목적은 인터뷰 떨어지는 걸 경험하기 위해서라고 생각했다. 그게 맘이 편했다. 한 번에 붙어야지 하는 욕심보다 경험이라고 생각하고 떨어지면서도 계속 꾸준히 봤었다. 한 번에 통과된 능력자가 아니었기에 그런 방법은 모르지만, 자신의 한계는 정확하게 알고 있었기에 떨어지면서도 반복해서 인터뷰를 본 경험은 이제 나의 '요령'이 되었다. 인터뷰에서 대답을 외울 필요는 없었다. 반복적인 인터뷰, 특히 패널 인터뷰를 통해서 효과적인 바디랭귀지, 시선의 위치, 질문을 들을 때의 태도와 말의 속도 등을 자기 것으로 자연스럽게 만들어야 했다. 인터뷰를 받는 사람인 내가 리드했다는 느낌이 들 때까지 계속 봤었다. 반복된 패널 인터뷰를 통해 알았다. 역시, 내 인생은 원래 한방으로 되는 게 없구나.

리더십은 모든 위치에서 필요하다

겸손 그리고 자신을 감추거나 낮추는 것이 미덕인 한국 문화에 익숙했던 난 자신의 리더십과 관련된 경험을 기억하고 말하는 것이 참 힘들었다. 내가 내 입으로 자랑하는 그 태도 자체를 착 달라붙게 장착하기 힘들었다. 그러나 미국에서는 청소를 하든 정치를 하든 경영을 하든 역할에 상관없이 거의 크고 작은 공식 혹은 비공식조직에서 일해야 하는 직업 대부분은 리더십을 요구했다. 처음에는 베드사이드 널스(병상간호사)한테 리더십이 뭐 중요할까 하고 생각할 수 있는데, 미국은 조직의 구성원으로서 조화롭게 일할 수 있는지가 정말 중요했다. 그것이 병원에서 환자의 안전과 의료의 질을 결정하기 때문이다. 리더십은 내가 높은 지위에 있다거나 혹은 내가 잘 나서 남들을 끌어나간다는 게 아니라 위치와 상관없이 나와 다른 사람과 문화에 얼마나 관심을 가지고 이해하고 조직하며 변화를 이끌어 나가는 데 적극적으로 참여하고, 더 나아가 그러한 리더십의 태도로 다른 이의 모범이 되어 조직원의 참여와 이해를 자연스럽게 이끌어내는 것이다. 말 그대로 리더십은 생활이자 예술이다. 그래서 인터뷰 질문의 내용이 거의 대부분 이 리더십과 자연스럽게 연결되는 부분이 많았다. 대부분의 간호사 인터뷰의 경우 open-ended question이었으며 그 대부분의 대답에서 나의 리더십을 조금씩 구체적으로 어필해주는 것이 유리했다. 난 순진해서일까. 이런 내용을 이야기할 때 항상 구체적인 기억을 떠올려야 자신의 기쁜 감정을 함께 이입할 수 있었고 자신의 자존감을 진심으로 어필할 수 있었다. 그래서 선택한 방법은 자신에 대한 리더십을 꾸준히 반복적으로 생각하고 믿음을 확고하게 가질 수 있을 활동을 꾸준히 해왔다. 참 많이 노력했다. 그건 사실이다. 자신에 대한 믿음까지 반복적인 생활과 훈련으로 만들려고 했으니깐….

생각도 말도 반응도 느려서 밑도 끝도 없이 노력해야 하는 나

같은 사람도 '요령'을 꾸준하게 실천하면 성장하고 배울 기회를 만날 수 있었다. 그중에서 운이 좋았던 건 늘 훌륭한 리더십을 가진 수퍼바이저들과 매니저들을 만나고 그들에게 그 리더십을 현장에서 보고 배울 기회가 있었다는 것이다. 가끔은 다른 조건들이 원하는 대로 따라오지 않는다고 아쉽고 좌절할 때도 있었다. 그러나, 그것도 다 이유가 있을 것이라고…, 한 숨을 돌리고 쉬어가며 차분히 생각을 정리해 본다. 예측불허의 상황에서 얼마나 유연하게 잘 적응할 것인가. 유연한 사람이 여유가 있고 여유가 있는 사람이 항상 위기 상황을 리드했다. 지나간, 그리고 지금 나의 수퍼바이저처럼….

조영식

DNP, APRN, FNP-BC
간호실무학 박사, 가정전문간호사
Email : YoungChoDNP@gmail.com

- 2024년 Western University of Health Sciences 간호실무학 박사(DNP)
- 2017년 Seattle Pacific University 간호학 석사(MSN), 가정전문간호사(FNP) 면허 취득
- 2014년 University of Washington 간호학 학사(BSN)
- 2010년 수술실 전문간호사(CNOR) 자격 취득
- 2005년 Central Texas College 간호학 준학사(ADN), 간호사(RN) 면허 취득
- 1998년 경희대학교 신문방송학과 학사
- 현 미국 국방부 병무처 중앙사령부 미군 입영검사소 Medical Officer
- 현 World Mission University 간호학과 전임교수 및 부학장
- 현 Advantmed Field Nurse Practitioner
- 현 미국 연방정부 교통청 공인 의료 검사관 (Certified Medical Examiner)
- 현 워싱턴 주 사회복지보건부 공인 의료통역사
- 현 남가주한인간호사협회 (KANASC) 부회장
- 현 국제한인간호사재단 (GKNF-USA) 정회원
- 2025년 5월 미국 병무처 중앙사령부 제7대대 사령관으로부터 Commander's Coin 수여/국방 보건 분야 공로 인정

7장

ESL 유학생에서 대학교수, 국방부 Medical Officer까지

생존을 위해 택한 길
: ESL 유학생에서 미국 간호사까지

비전공자가 34살에 미국에서 남자 간호사가 되어

우리 인생길은 때로는 넷플릭스 영화나 드라마보다 더 극적이다. 간호나 의료에 대해 아무런 배경 지식조차 없었던 내가, 서른 살에 미국에서 ESL(영어 어학연수) 과정을 시작해 '간호사'라는 직업을 선택하고 걸어온 지난 23년의 여정이 그렇다.

주립 정신병원과 대형병원 일반병동에서 시작해, 이후 대형병원과 연방정부 병원 수술실에서 12년을 근무했다. 가정전문간호사(Family Nurse Practitioner, FNP) 자격증을 취득한 이후로는 Primary Care(1차 진료), Urgent Care(긴급 진료), Telemedicine(원격진료), Home Health(가정방문 진료) 등 다양한 분야에서 지난 8년간 영유아부터 노년층까지 폭넓은 연령대의 환자들을 진료해 오고 있다.

현재 나는 미국 국방부 병무처 중앙사령부(USMEPCOM) 소속 Medical Officer(의무관)로 근무 중이며, 동시에 대학에서 간호학과 교수이자 부학장으로 재직하며 연구와 실무 능력, 리더십을 겸비한 차세대 간호사 리더를 양성하고 있다.

2001년, 나이 서른에 ESL 유학생으로 미국 땅을 밟은 나는 2005년에 간호사가 되었고, 지금까지 멈추지 않고 제2의 인생을 개척해 왔다. 이 글은 미국 간호사를 꿈꾸는 이들, 그리고 제2의 인생을 향해 도전하려는 누군가에게 작은 용기와 실질적인 길잡이가 되기를 바라는 마음으로 시작된다.

생존을 넘어 성장으로

나는 경남 밀양의 작은 농촌 마을에서 태어났다. 대학에서 신문방송학을 전공했고, 졸업 후에는 시민단체와 이벤트 기획사, 한미 합작 회사 등에서 약 3년간 직장생활을 했다. 평범한 사회인의 길을 걷던 나는, 결혼 1년 후인 2001년 초 아내와 함께 미국 텍사스주 킬린(Killeen)이라는 작은 도시에 있는 지인의 집을 여행차 방문하게 되었고, 그것이 인생의 방향을 바꾸는 계기가 되었다.

귀국 후, 우리는 인생의 새로운 가능성을 꿈꾸며 미국 유학을 결심했다. 그리고 유학생 비자를 발급받아, 2001년 가을, 텍사스주 웨이코(Waco)에 위치한 Baylor University의 어학연수 과정(ESL)에 등록하며 서른 살에 미국 생활을 시작하게 되었다.

한국에서 5평 남짓한 단칸방에서 신혼살림을 시작했던 우리 부부는 미국에서도 형편이 그리 넉넉하지 못했다. 지인의 중고차를 구입하고 ESL 한 학기 등록금을 내고 나니 당장 생활이 빠듯해졌다. 다행히도 많은 분들이 따뜻한 이웃이 되어 가난한 유학생 부부인 우리를 도와주셨다. 출석하던 교회도 아니었는데 우리의 사정을 들은 다른 교회에서 매달 300달러를 장학금으로 지원해주기도 했다. 당시에 300달러는 우리 형편에서는 정말 큰돈이었다. 나는 미안하고 감사한 마음에 그 교회 청소를 맡아 하며 더불어 매일 새벽 기도의 은혜를 누리기도 했다. 지금 돌아보니 그때가 정말 많은 분들의 사랑과 은혜를 입었던 감사한 시간이었다.

학교 공부를 시작한 지 얼마 지나지 않아, 한국에서 신문방송학을 전공했던 경력을 살려 캠퍼스 내 방송국(KNCT-TV)에서 지역 방송 송출을 담당하는 Console Operator로 일하게 되었다. 근무시간이 많이 불규칙했지만, 수업이 없는 틈틈이 캠퍼스 내에서 근무할 수 있어 보다 안전하고 이동도 편리했다. 3년 동안 이 방송국에서 다양한 프로그램을 접하며 자연스럽게 영어 실력을 키울 수 있었고, 미국 사회를 이해하는 데에도 큰 도움이 되었다.

바쁘고 고된 생활 속에서도 나는 공부를 멈추지 않았다. 포기할 수 없는 상황이기도 했다. 하루빨리 공부를 마치고 학위를 받는 것이 미래를 설계할 수 있는 유일한 길로 여겨졌기 때문이다. 정신없이 일을 하고 아껴가며 살았지만 생활은 여전히 빠듯했다. 99센트짜리 맥도날드 치킨버거로 끼니를 때우는 일이 허다했다. 학교를 졸업할 무렵에는 맥도날드를 지나치기만 해도 저절로 고개가 돌려질 정도였다. 그러나 그 시절은 단순히 생존을 위한 몸부림을 넘어, 지금의 나를 만들어 준 가장 단단한 밑거름이 된 소중한 시간이었다.

MBA, 호텔경영학에서 간호학으로

ESL 과정을 마친 후, 나는 West Texas A&M University의

MBA(경영대학원) 과정으로 가게 되어 있었지만, 10만 달러가 넘는 학비의 높은 벽을 마주하고 과감히 그 꿈을 접기로 했다. 보다 현실적인 대안으로 CTC(Central Texas College)에 등록해 호텔경영학을 공부하기로 했다. CTC는 집에서 20분 거리에 있는 지역 전문대학교였는데, 무엇보다 학비가 저렴한 것이 큰 장점이었다. 그러나 한 학기를 마칠 즈음 더 이상 이 전공에 대한 흥미도, 진로에 대한 확신도 점점 희미해져 갔다. 그 무렵, 캠퍼스 내 학생 아파트에서 함께 의지하며 지내던 한인 부부 중 한 사람이 간호학을 공부하고 있었고, 간호사라는 직업이 "어디서든 일할 수 있고, 영주권을 받을 수 있는 기회도 있다"라고 조언을 해 주었다. 간호학은 체류와 생계, 미래를 고민하던 내게 매우 현실적인 대안으로 다가왔다.

사실 처음엔 나는 간호사라는 직업에 대해 '여성의 일', '3교대', '힘든 일'이라는 고정관념과 선입견이 있었다. 하지만 그보다 더 절실했던 것은, 지금의 어려운 상황을 헤쳐나갈 방법을 찾는 일이었다. 생계를 유지하고 새로운 길을 모색해야 했던 나는, 간호라는 분야에 점차 긍정적인 관심을 갖게 되었고, 결국 호텔경영학을 포기하고 간호학으로 전공을 바꾸기로 결심했다.

그 선택은 단순히 현실적인 이유 때문만은 아니었다. 한국에서 대학을 다니던 1995년 겨울, 어머니께서 말기 담낭암 판정을 받으셨고, 여의도 성모병원에서 6개월의 투병 끝에 세상을 떠나셨다. 병실에서 어머니와 함께 보냈던 그 마지막 6개월의 시간들은 내 안에 지울 수 없는 무력감으로 남았고, "막내 장가가는 것만 보고 죽으면 소원이 없겠다"라고 하셨던 어머니의 소망은 끝내 이루어지지 못한 유언으로 아프게 남았다. 그리고 어머니가 돌아가신 지

3개월 후, 나는 지금의 아내를 만났다.

이 때문에 간호학은 나에게 단순한 직업이나 진로 이상의 의미가 있었다. 고통 속에 삶을 마감하고 있는 어머니를 곁에 두고도 아무것도 할 수 없었던 막내아들의 깊은 회한이자, 누군가의 고통에 작으나마 함께 할 수 있는 삶의 방식이었기 때문이었다.

CTC에서 시작된 간호학 도전

한국에도 캠퍼스를 운영하고 있는 공립 커뮤니티 칼리지인 CTC는 미국 최대의 육군기지인 포트 후드(Fort Hood) 인근에 본교가 있다. 당시 학교 학생들 대부분은 현역 군인이나 그 가족들이었다. 군인이라는 직업 특성상 근무지 이동이 잦은 이들에게, 어느 지역에서든 비교적 쉽게 직장을 구할 수 있는 간호사라는 직업은 아주 매력적인 선택이었다. 이러한 이유로 간호학은 군인 가족들 사이에서 특히 인기 있는 전공이었다. 하지만 기본적인 의료지식조차 없이 ESL을 단 한 학기만 수강한 내가 해부학, 병리학, 생리학, 미생물학 등 전공 수업을 영어로 따라가는 것은 결코 쉽지 않았다. 본과 진학 경쟁은 치열했고, 입학 후에도 많은 학생들이 중도에 탈락했다. 나는 차근차근 선수 과목들을 수강하고 한 학기 대기 끝에 본과에 진학할 수 있었다.

새벽 공기를 가르며 나선 첫 임상 실습은 노인 요양시설(Nursing Home)에서 시작되었다. 알츠하이머나 치매를 앓고 있는 노인 환자들과의 의사소통은, 내게 영어라는 높은 장벽을 더욱 뼈저리게 실감하게 했다. 이후 아동 병원으로 옮겨, 비정상적으로 머리가 커진 수두증(Hydrocephalus) 환아들, 그리고 인지 장애나 자폐를 가진 중

중 아이들을 돌보는 간호사들의 모습을 곁에서 지켜보았다. 그들의 헌신적이고 인내심 깊은 모습은, 내게 말로 다 표현할 수 없는 감동과 깊은 존경심을 갖게 했다. 그 후에는 일반병동, 산부인과, 정신과, 수술실, 중환자실(ICU) 등 다양한 부서를 돌며 실습을 이어갔고, 자연스럽게 간호사가 하는 일들을 체계적으로 익혀갔다.

그러나 매 학기 초마다 느껴지는 압박감은 갈수록 커졌고, 아르바이트를 병행하느라 공부 시간이 늘 부족했다. 급하게 밤을 새워 과제를 해내고 시험을 치르는 일이 허다했다. 하지만 내게는 물러설 수 있는 다른 대안이 없었다. 그때 나는 이미 갓 태어난 아이를 둔 한 가정의 가장이었고, 간호학은 단순한 학업이 아니라 인생을 바꾸기 위한 절박한 도전이었다. 가장으로서 무엇인가를 반드시 이루어야 한다는 간절함, 그것이 지친 나의 몸을 일으켜 세우는 힘이 되었다.

마침내 미국 간호사가 되다 : 끝은 또 하나의 시작

이 모든 시간을 버텨낸 끝에 2005년, 나는 마침내 간호학 준학사(ADN) 과정을 마쳤다. 30여 명의 졸업생 중 남자는 Jeff라는 미국 친구와 나 둘뿐이었다. 흰 간호사 스크럽(Scrubs)을 입고 졸업식장에 한 살배기 아이를 한 팔로 안고 섰던 그날의 벅찬 감격은 지금도 어제 일처럼 생생하다. 그리고 몇 달 후, 나는 NCLEX (The National Council Licensure Examination) 시험을 거쳐 미국 간호사 (Registered Nurse, RN) 자격증을 취득했다. 그렇게 약 4년에 걸친 치열한 여정은 첫 번째 마침표를 찍었고, 동시에 전문직 간호사로서의 새로운 여정이 시작되었다.

간절함이 길을 만든다.
간호사에서 가정전문간호사(FNP)까지

정신과와 일반병동에서 시작된 첫 간호사의 여정

RN 자격증을 취득한 후, 유학생에게 허용된 1년간의 취업 비자 프로그램인 OPT(Optional Practical Training)를 통해 텍사스 오스틴에 있는 주립 정신병원인 Austin State Hospital 성인 장기입원 병동에서 간호사로 첫발을 내디뎠다. 이곳에서 6개월을 일한 뒤, 텍사스 최대의 비영리 종합병원인 Scott & White Memorial Hospital로 이직을 했다.

Scott & White에서는 일반병동에서 야간 근무 간호사로 일하게 되었고, 다양한 심혈관계 질병 및 수술 후 회복 중인 환자들을 돌보며 임상 경험을 쌓았다. 야간 근무는 환자들이나 보호자들과 대화할 일이 거의 없어 영어에 대한 부담이 적다는 점이 나름 좋았다. 하지만 매일 밤을 새우는 생활이 이어지다 보니 피로가 쌓이고 체력이 급격히 떨어졌다. 결국 OPT 비자 만료 시점에 맞춰 자연스럽게 야간 근무를 그만두게 되었다.

영주권 스폰서 기회를 얻다

미국에서 간호사로 지속적으로 일하기 위해서는 고용주의 영주권 스폰서가 반드시 필요했다. 하지만 외국인 간호사에게 이민을 지원해주는 병원을 찾는 일은 그리 쉽지 않았다. 수십 군데의 병원에 이력서를 보냈지만, 번번이 거절당했다. 그러던 중, CTC 졸업시절 취업 박람회에서 만났던 웨이코(Waco)에 있는 Providence 병원의 인사 담당자가 떠올랐고, 다행히 수술실 간호사로 채용이 결정면서 영주권 스폰서의 기회를 얻을 수 있었다.

간호학과 학생 시절 수술실 실습시간 때 인공무릎 수술과 제왕절개 수술을 지켜보며 느꼈던 현대 의학 기술의 경이로움이 나를 수술실 간호사로 이끌었고 큰 자부심도 갖게 했다. 하지만 현실 속의 수술실 간호사는 'On-call 근무'가 필수였다. 언제 어디서나 호출이 오면 30분 이내에 병원에 도착해야 했기에 잠시라도 긴장을 놓을 수 없었다. 문제는 내가 살던 곳이 병원에서 차로 한 시간 거리였다는 점이었다. 그래서 한 달에 3~4번 On-call 근무일 때는 집으로 돌아갈 수 없어, 병원 주차장에 세워둔 차 안에서 밤을 지새우곤 했다.

외롭고 서글픈 순간들도 많았지만, 나는 어렵게 잡은 영주권 스폰서의 기회를 결코 놓칠 수가 없었다. Providence 병원 수술실에서 보낸 약 2년의 시간 동안, 내 몸무게는 10kg이나 줄었다. 그만큼 치열하고 긴장된 나날이었지만, 그 경험은 내가 수술실 간호사로 나아가는 가장 값진 배움과 성장의 시간이었다.

기각된 영주권, 그리고 찾아온 기적

수술실 근무를 시작하면서 나는 'Schedule A' 비자 프로그램을 통해 영주권을 신청했다. 이 제도는 미국 내 심각한 간호사 부족 문제를 해결하기 위해 마련된 것으로, 일반적인 취업이민보다 훨씬 빠르게 영주권을 취득할 수 있는 경로였다. 하지만 예기치 못한 문제가 발생했다. 이민 변호사의 서류 작성 실수로 인해 영주권 신청이 기각되었고, 그로 인해 나는 합법적인 체류 자격을 잃게 되었다. 곧 안정된 미국 생활을 기대하던 우리에게 그동안의 노력이 물거품이 되는 절망의 순간이었다.

병원 인사팀과 부병원장은 나의 사정을 듣고, 고맙게도 적극적으로 도와주셨다. 우리는 이민국에 항소를 제기했지만, 담당 변호사조차 "기대하지 않는 것이 좋다"라고 할 정도로 가능성은 거의 없었다. 당시 항소가 인정되는 확률은 고작 5% 정도에 불과하다는 이야기가 있을 정도였다. 그런데 기적 같은 일이 일어났다. 항소를 제기한 지 약 두 달 후, 이민국으로부터 항소 허가 결정이 내려졌다는 소식을 접하게 된 것이다. 그렇게 우리는, 영주권을 신청한 지 1년 만에, 수많은 불안과 눈물 끝에, 마침내 미국 영주권을 손에 쥘 수 있었다. 그 순간의 감격은 말로 다 표현할 수 없었다.

간호학 학사 학위(BSN) 취득 : 새로운 기회와 마주하다

텍사스에서 미 북서부에 시애틀로 이주한 뒤에는 Northwest 병원과 Swedish 병원에서 번갈아 가며 근무했다. 어느 날, Northwest 병원 수술실에서 20년 경력의 직원이 대장 내시경 기기를 실수로 파손하는 일이 있었는데, 새로 부임한 백인 매니저는 망설임 없이 그를 즉시 해고했다. 실수에 대한 이해나 설명조차 없는 처분은 나에게 큰 문화적 충격이었다. 그 장면을 보며, 나도 모르게 불안해졌고 '더 늦기 전에 나를 업그레이드 해야겠다'라는 생각이 들었다. 그래서 나는 수술실 전문 간호사(Certified Nurse Operating Room, CNOR) 자격증을 비롯해, 워싱턴 주정부에서 발행하는 의료 통역사(Medical Interpreter) 자격증도 취득했다. 이후 간호학 학사 학위(BSN) 취득을 위해, 명문 간호대학 중 하나인 워싱턴 주립대(University of Washington)의 RN to BSN 프로그램에 입학했고, 파트타임으로 수업을 들으며 약 3년 만에 졸업했다.

워싱턴 주립대 졸업 후, 나는 곧바로 시애틀에 위치한 VA Puget Sound Health Care System 수술실에 채용되는 기회를 얻었다. VA 병원은 미국 내 최대 규모의 연방정부 병원 중 하나였고, 안정된 연방 공무원 신분과 연금 혜택을 갖춘, 많은 사람들이 선망하는 직장이었다. 연봉도 높았고, 커리어 면에서도 좋았다.

그러나 시간이 흐를수록 나는 점점 여러 가지 면에서 한계를 느끼기 시작했다. 안정된 신분과 직장을 가졌지만, 마음 한편에는 더 높은 곳을 향한 열망이 꿈틀거리고 있었다. 그리고 그 열망은 나를 FNP(Family Nurse Practitioner)라는 새로운 도전으로 이끌어 갔다.

간호 대학원 진학과 전문간호사로의 전환
: 간절함은 길을 만든다

FNP(Family Nurse Practitioner, 가정전문간호사)는 영유아부터 노년층까지 전 연령대의 환자를 진료하며, 각종 검사나 처치 오더를 내리고, 마약성 진통제를 비롯한 광범위한 약물을 처방할 수 있다. 의료현장에서는 종종 Primary Care Provider(PCP, 주치의)로서 환자를 진료하고 그들의 건강을 포괄적으로 관리한다. 특히 미국 50개 주 중 28개 주에서는 의사와의 협업 없이도 독립적으로 진료가 가능하며, 개인 클리닉을 개원해 직접 운영할 수도 있다. 실제로 많은 FNP들이 클리닉이나 병원을 개원해 환자를 진료하고 있다.

나는 시애틀 지역에 있는 간호대학원 중 하나인 Seattle Pacific University의 FNP 전공 간호학 석사(MSN) 과정에 지원했다. 다행히 면접 기회를 얻게 되었지만, 6명의 교수 앞에서 1:6으로 진행되는 면접은 예상보다 훨씬 긴장되고 숨 막히는 시간이었다. 부족한 영어 실력을 들키지 않기 위해 애쓰는 동안, 점점 내 목소리는 작아졌고, 주변 분위기마저 서서히 경직되어 갔다.

면접이 끝나갈 무렵, 문득 '이렇게 그냥 끝낼 수는 없다'라는 생각이 들었다. 용기를 내어 영어에 대한 부담을 내려놓고, 차분하게 나의 이야기를 풀어가기 시작했다. 낯선 땅에서 부딪히고, 좌절하고, 다시 일어나며 버텨낸 지난 10여 년의 시간들. 누구보다 치열하게 살아온 내 삶을 담담하게, 그러나 진심을 담아 교수진 앞에 전했다.

그 진심은 통했다. 면접이 끝난 뒤, 간호대학 부학장님으로부터 따뜻하고 긍정적인 피드백을 들을 수 있었고, 마침내 최종 합격 통보를 받았다. 그렇게 간호학사 졸업 6개월 만에, 나는 간호학 대학원 과정에 입학하며 또 한 걸음, 전문간호사로 나아가는 새로운 여정을 시작하게 되었다.

대학원 생활, 버텨야만 했던 시간들

하지만 합격이 끝이 아니었다. 본격적인 대학원 생활은 학업과 생계라는 두 짐을 동시에 감당해야 하는 치열한 시간의 연속이었다. 나는 VA 병원에서 풀타임으로 근무하면서, 수업이 없는 늦은 오후와 저녁, 주말 시간에는 Northwest 병원과 Swedish 병원을 오가며 파트타임 근무를 병행했다.

VA 병원에서 일을 마치고 차 안에서 간단히 저녁을 먹은 뒤, 30분 정도 쪽잠을 자고 수업에 출석하는 생활이 3년간 이어졌다. 하루에 3~4시간 이상 자는 날은 거의 없었고, 몸은 항상 피로에 지쳐 있었다. 그 결과 졸음운전으로 인한 교통사고도 여러 차례 겪었다.

FNP 전공 간호학 석사과정 중에는 최소 500시간의 임상실습이 요구된다. 아무리 휴가가 많은 VA 병원이라 해도, 매주 2~3일씩 실습을 위해 휴가를 내는 것은 불가능했다. 그래서 나는 주말이면 VA 병원의 Sterile Processing Unit(SPS, 수술 도구 세척 및 조립 부서)에서 오버타임을 하며 휴가 시간을 모았다. 당시 VA는 오버타임을 급여가 아닌 휴가 시간으로 보상받을 수도 있었다. 나는 6개월간 이 일을 병행하며 FNP 실습에 필요한 휴가 시간을 만들 수 있었다.

가장 행복했던 순간, 마침내 전문간호사로 서다

그리고 2017년 6월, 마침내 간호대학원 과정을 마치는 졸업식 날이 찾아왔다. 20여 명의 간호학과 대학원 졸업생 중 유일한 남자였던 나는, 가슴 벅찬 감정을 억누르며 내 차례를 기다렸다. 단상 앞에서 가족들이 환하게 웃으며 손을 흔드는 모습을 보는 순간, 나도 모르게 눈물이 솟구쳤다. 내 이름이 불리고 단상에 올라 총장님과 악수를 나누고, 학위증서를 받던 그 순간, 손끝에서 가슴까지 전해지던 그 묵직한 감정은 지금도 어제 일처럼 생생하다.

졸업식 한 달 후, 나는 FNP 자격증을 취득하고 연방정부 DEA(Drug Enforcement Administration)로부터 약물 처방권(Prescriptive authority)도 받았다. 이제는 의사의 오더를 받는 단순한 간호사가 아니라, 환자를 직접 진료하고 약물 처방을 비롯해 각종 오더를 내릴 수 있는 전문간호사(Nurse Practitioner)로서의 길을 가게 된 것이다.

20년 전의 꿈 마침내 현실이 되다
: 박사, 교수 그리고 Medical Officer까지

아내의 오랜 꿈을 위해 캘리포니아로

내가 Family Nurse Practitioner(FNP)로 일한 지 몇 달 되지 않았을 때였다. 어느 날, 아내가 조심스럽게 자신의 꿈을 이야기했다. 더 늦기 전에 한의학 공부를 해보고 싶다는 말이었다. 그동안 유학생 부부로 살면서 자신의 꿈을 마음속 깊이 묻어둘 수밖에 없었을 아내를 생각하니 미안한 마음이 깊이 밀려왔다. 40대 중반이라는 결코 적지 않은 나이에 새로운 도전을 결심한 아내의 용기를 응원하며, 9년간 정들었던 시애틀의 소중한 추억을 뒤로한 채, 2018년 여름, 오디세이 미니밴에 가득 짐을 싣고 20시간을 달려 캘리포니아주 오렌지카운티로 이주했다.

우연한 만남이 가져다 준 박사 학위의 길

CVS Health는 미국 전역 주요 도시에 Minute Clinic이라는 이

름으로 1차 진료, 긴급 진료, 원격진료를 제공하는 클리닉을 운영하고 있으며, 나는 Minute Clinic Float Nurse Practitioner로 여러 클리닉을 순회하며 캘리포니아에서의 삶을 시작했다. 하지만 이 직장은 주당 기본 근무 시간이 32시간으로 제한되어 있어, 매주 1~2일 추가 근무를 자주 픽업해야 했고, 격주로 주말 근무도 해야 하는 불편함이 있었다.

그러던 중, Providence Health & Services가 LA와 오렌지카운티 지역에 ExpressCare라는 이름의 1차 및 긴급 진료 통합 클리닉을 수십 개 새롭게 개설한다는 소식을 듣고, 이직을 결심하게 되었다. 이곳에서는 하루 12시간, 주 3일 근무만으로도 주 40시간 기준의 급여를 받을 수 있었고, 휴가와 복지 또한 매우 만족스러웠다. 시간적 여유와 삶의 질이 모두 향상된, 한층 더 안정된 환경이었다. 기존의 Minute Clinic 근무는 토요일만 파트타임으로 유지했다.

그리고 얼마 지나지 않아 COVID-19 팬데믹이 터졌다. 폭증하는 원격진료 수요에 대응하기 위해, 나는 Telemedicine(원격진료) 팀으로 전환되었다. 그 후 약 4년간, 나는 미국 7개 주에 걸쳐 환자들을 집에서 화상으로 연결해 원격 진료하며, 말 그대로 '신의 직장' 같은 재택근무의 혜택을 한동안 누릴 수 있었다.

한편, Minute Clinic에서 여전히 파트타임으로 근무하던 중, 약 처방을 받기 위해 방문한 한 환자가 자신을 Family Nurse Practitioner이자 간호대학의 부학장, 그리고 NFLP(Nursing Faculty Loan Program, 간호학 교수 융자 프로그램) 책임자 교수인 Dr. Hicks라고 소개했다. 이후에 알게 되었지만, 그는 30페이지가 넘는 경력과 이력, 저술 활동, 연구 프로젝트 수주 실적을 가진, 국내외적으로 저명한 학자이자 간호학계의 리더였다.

그는 내가 간호실무학 박사(Doctor of Nursing Practice, DNP) 과정에 진학할 계획이 있다면, NFLP를 통해 4년에 걸쳐 학비의 85%를 상환 면제받을 수 있다며 지원을 권유했다. NFLP는 연방 정부가 운영하는 프로그램으로, 미국 전역의 간호대학 교수 인력 부족을 해결하기 위해 마련된 제도였다.

학비 부담으로 인해 비교적 학비가 낮거나 보조 프로그램이 있는 학교를 찾고 있던 난, 그 교수님과의 만남이 전환점이 되어, 2021년 캘리포니아 포모나(Pomona)에 위치한 Western University의 간호실무학 박사과정에 입학하게 되었다. 이 대학은 학부 과정은 없고, 의과대학, 치과대학, 안과대학, 약학대학, 수의과대학 등 총 9개의 단과대학을 중심으로 구성된, 의료 전문인력을 양성하는 의료보건 특성화 대학원이다.

이 대학의 DNP과정은 일반적으로 2년 풀타임으로 운영되며, 필수 과목 이수와 함께 Capstone 논문 프로젝트를 완료해야 졸업할 수 있다. 그러나 논문의 복잡한 형식과 절차로 인해 대부분의 학생들이 3년 이상 소요된다. 나 역시 논문 주제 변경과 지도교수 교체 등 적지 않은 난관을 겪었지만, 나를 박사과정으로 이끈 Hicks 교수님의 엄격하고도 철저한 지도를 받으며 3년 만에 마침내 간호학 분야의 최고 학위인 간호실무학 박사(DNP)를 취득하며, 'Dr. Cho'라는 타이틀을 얻게 되었다.

간호대학교수, 국방부 Medical Officer : 도전과 성장

Western University의 DNP 과정은 나를 연구능력과 리더십을 겸비한 간호사로 한 단계 더 성장시켰고, 간호 교육자로서 실력과 리더십을 겸비한 차세대 간호사를 키워내야 한다는 사명감도 심어주었다. 박사 학위를 받고 6개월 이내에 간호학과 교수로 임용되어야 NFLP의 학비 면제 혜택을 받을 수 있었는데, 감사하게도 나는 박사 학위를 받기 몇 달 전에 Los Angeles에 있는 한 간호대학의 전임교수이자 부학장으로 임용되는 행운을 얻게 되었다. 2년제 준학사 학위를 가진 간호사들이 4년제 학사학위(BSN) 취득을 위해 마련된 RN-BSN 프로그램에서 간호학 이론과 연구, 리더십, 근거기반 실무(Evidence-based Practice) 등 여러 과목들을 강의하고 있다.

한동안 클리닉 중심의 Family Nurse Practitioner로서 임상 현장에서 환자 진료를 이어오던 나는, 작년 6월부터 미국 국방부의 주요조직인 USMEPCOM(미국 병무처 중앙사령부) 산하의 Los Angeles MEPS(미군 입영검사소)에서 Medical Officer(의무관)로 임명되어 근무하고 있다.

미국 전역에는 총 65개의 MEPS가 운영되고 있으며, 내가 속한 로스앤젤레스 MEPS는 그중 가장 규모가 크다. 로스앤젤레스 MEPS의 의료팀(Medical Department)에는 나를 포함해 군의관(대위, 소령, 중령 계급)들과 민간 의사 등 총 12명이 함께 근무하며, 모두 Medical Officer로서 동일한 책임과 역할을 수행한다. 우리는 이곳에서 매년 약 3만 명 이상의 사병 및 장교 후보생들을 대상으로 각종 검사, 의료기록 검토, 신체검사를 통해 미군으로서의 의학적

적격성을 평가하고, 입대 합격 여부를 결정하는 중요한 임무를 맡고 있다.

올해 5월, 나는 USMEPCOM 제7대대 사령관으로부터 Commander's Coin(지휘관의 코인)을 받았다. 이 코인은 미국 군 문화에서 특별한 공로와 임무 수행의 탁월함을 인정받은 자에게 주어지는 상징적인 영예이다.

나를 넘어, 함께하는 삶

그동안 미국 사회로부터 받아온 은혜에 조금이나마 보답하고자, 나는 지금까지 쌓아온 20년간의 간호사 임상 경험과 리더십을 바탕으로 남가주한인간호사협회(KANASC) 부회장으로 봉사하고 있다. 나는 이 협회를 통해 캘리포니아 지역에서 활동하는 많은 한인 간호사들의 전문성 향상과 권익 보호를 위해 힘쓰고 있으며, 다양한 교육 프로그램과 워크숍을 기획하고, 지역사회 건강 증진을 위한 커뮤니티 프로젝트도 이끌고 있다. 특히 '혼자가 아닌, 더불어 함께 성장하는 간호사 공동체'를 만들기 위해 후배 간호사들을 위한 멘토링과 경력 개발 지원, 그리고 상호 지지할 수 있는 네트워크 구축에도 꾸준히 노력하고 있다. 이제 간호사로서의 나의 길은 단순한 개인의 성공을 넘어서, 함께 성장하고 함께 나누는 삶을 지향하는 여정으로 점점 더 확장되고 있다.

글을 마치며 : '간호사'라는 무한한 가능성으로

생계를 유지하고 영주권을 얻기 위해 시작한 '간호사'라는 직업은, 어느덧 나에게 단순한 생존의 수단을 넘어 전문직으로서의 자부심, 개인적 성장, 그리고 사회에 기여할 수 있다는 깊은 보람까지 안겨주었다.

미국에는 현재 약 520만 명의 간호사가 활동 중이며, 이 중 남성 간호사는 약 11%에 불과하다. 특히 2030년까지 약 120만 명의 신규 간호사가 더 필요할 것으로 전망되고 있어, 간호사에 대한 수요는 앞으로도 꾸준히 증가할 것으로 보인다.

무엇보다 이 직업은 나이 제한 없이 언제든지 시작할 수 있다는 점에서 자녀를 둔 부모, 중년의 커리어 체인저, 제2의 인생을 준비하는 이들에게 매우 적합하다. 또한 정년이 없는 직업이기도 하다. 건강이 허락한다면 70세, 심지어 80세가 넘어서도 현장에서 활발히 활동하는 간호사들을 종종 볼 수 있다.

간호사에게는 어느 학교를 나왔는지보다 먼저 자격이 더 중요하다. 자격증만 있다면 취업 기회는 넓게 열려 있으며, 임상 현장을 통해 미국에서 간호사로 도전할 수 있는 분야가 얼마나 다양하고 유연한지 실감하게 된다. 실제로 미국 내 간호사들이 활동할 수 있는 분야는 매우 넓다. 병원, 클리닉, 지역사회 및 공공보건, 고급 실무, 연구·교육, 경영·행정, 군 및 정부기관, 특수 분야, 국제 및 해외 분야 등 10~15개의 주요 영역으로 나뉘며, 세부적으로는 100개가 넘는 직종이 있다. 개인의 적성과 강점에 따라 원하는 분야를 선택할 수 있고, 다양한 영역을 넘나들며 경력을 쌓을 수도 있다.

또한 미국의 간호대학 프로그램은 대부분 직장과 병행이 가능하도록 유연하게 설계되어 있다. 병원이나 정부기관에서는 학비 지원 프로그램도 다양하게 운영하고 있으며, 간호사로 일하면서

얼마든지 학사, 석사, 박사 과정에 도전해 더 넓은 기회의 문을 열 수 있다

 20여 년 전, 미국 생활을 막 시작했을 무렵, 같은 교회를 다니던 Texas A&M 출신의 젊은 박사 부부를 바라보며 느꼈던 막연한 동경이 아직도 생생하다. 당시의 나는 그런 삶이 너무나도 먼 세상의 이야기처럼 느껴졌고, 감히 상상조차 할 수 없었다. 그러나 긴 시간이 흐른 2024년, 아내가 먼저 한의학 박사 학위를 취득했고, 그 뒤를 이어 나 역시 간호실무학 박사 학위를 받았다. 이제 '흙수저'였던 우리 부부도 나란히 박사 학위를 지닌 부부가 되었다. 우리는 가진 것도, 특별한 재능도, 든든한 배경도 없었다. 하지만 꿈을 꾸었고, 도전했다. 때로 멈추며 더디고 고단한 여정이었지만, 끝내 포기하지 않았다. 그리고 마침내, 우리는 20년만에 그 꿈을 이루었다.

 이 글이 지금 이 순간, 힘겨운 현실 속에서도 꿈을 품고 도전하려는 분들에게 작은 용기와 희망이 되기를 바란다.

 "꿈꾸고, 도전하라. 포기만 하지 않으면 누구나 해낼 수 있다."

변금희

MSN, APRN, PMHNP-BC
정신건강전문간호사
Email : byeon.pmhnp@gmail.com

- 2025년 University of California, Los Angeles 간호실무학 박사 (DNP) 과정 이수 중
- 2022년 Walden University 간호학 석사 및 PMHNP 자격 취득
- 2019년 West Coast University 간호학 학사 졸업
- 2002년 동의대 미생물학과 학사 졸업
- 현 남가주한인간호사협회 총무
- 현 Together Mental Health Clinic 정신건강전문간호사로 근무
- 현 Glendale Adventist Hospital 정신전문간호사로 병원 내원 및 회진 진료
- 전 Henry Mayo Newhall Hospital Psychicatric unit - 정신과 RN 근무
- 전 LADMC Ingleside Campus -정신과 RN 근무)

8장

20년을 달려서 정신과NP와 텔레헬스까지

행동하는 것만이
내 인생이 되더라

나는 대체로 평범한 사람이었다. 어릴 때부터 특별히 앞에 나서는 성격은 아니었고, 무언가를 강하게 주장하거나 목표를 크게 세우는 스타일도 아니었다. 적성에 맞지 않지만 대충 성적에 맞는 대학에 진학했고, 상황에 따라 움직이며 안정적인 삶을 지향했다. 평범한 사람과 결혼하고 아이 낳고, 가정을 꾸리며 살아가는 것이 인생의 전부라고 생각했던 시절도 있었다. 그러던 중, 다니던 회사를 그만두게 되었다. 특별한 계획이 있었던 것은 아니다. 다만 마음 한 켠에 답답함이 쌓이고 있었고, '한 번쯤은 다른 길을 걸어볼 수 있지 않을까?' 하는 생각이 들었을 뿐이다. 2004년에 어학연수를 핑계로 처음으로 미국에 오게 되었고, 그곳에서 예상치 못한 인생의 변화를 맞이하게 되었다.

해외를 한 번도 나가본 적이 없었던 나에게 미국은 모든 것이 낯설고 조심스러운 공간이었다. 하지만 오히려 그 낯설음 속에서, 나는 처음으로 "뭔가를 시도해볼 수 있다"라는 자유를 느꼈다.

'안 되면 돌아가면 되지.'

그 단순한 생각 하나로 산타 모니카 칼리지에 등록했고, 영어 수업부터 시작했다. ESL(English as a Second Language) 프로그램을 같이 끝낸 친구들이 하나둘씩 대학교로 진학하기 시작했다. 다들 집이 좀 잘 사는 유학생들이어서 쉽게 UC(University of California) 같은 곳으로 트랜스퍼 하는 것 같았다. 나는 그럴 경제적인 여유도 없었고 나이도 많다고 생각했다. 그때 내가 25살이었다. 잠시 머물다 갈 생각이었지만, 왠지 그냥 한국으로 돌아가면 이도 저도 안 될 것만 같았다. 수업을 들으며 고등학교 시절 간호사가 되고 싶었던 기억이 떠올랐다. 오랫동안 묻어두었던 꿈이 다시 떠오르자, 자연스럽게 간호학과 진학을 고민하게 되었다. 나이에 대한 걱정, 영어 실력에 대한 불안, 경제적인 문제, 여러 가지 현실적인 문제들이 있었지만, 나는 일단 도전해 보기로 했다. 고민만 하다 지나치기보다는, 직접 부딪혀보자는 생각이었다.

2008년에 간호학과로 진학한 후에는 예상대로 쉽지 않았다. 영어로 수업을 따라가는 것도 어렵고, 시험과 과제, 실습까지 모든 과정이 버거웠다. 하지만 포기하지 않았다. 수업이 끝나고 일하러 가고, 일하고 돌아와 공부하고, 그런 날들이 반복되었다. 누구에게 보여주기 위한 것이 아니라, 나 자신에게 주어진 기회를 놓치고 싶지 않았기 때문이다. 그렇게 시간이 흐르면서, 조금씩 길이 열리기 시작했다. 내가 할 수 있는 만큼 꾸준히 하다 보니, 주변에서 도와주는 사람들이 생겼고, 좋은 교수님과 동료들도 만날 수 있었다. 그렇게 나는 정신건강 전문간호사 자격을 취득했고, 지금은 UCLA(University of California

Los Angeles)에서 간호학 박사과정을 밟고 있다.

그때 나는 확신도 없었고, 자신감도 부족했지만, 그럼에도 불구하고 시도했다. 결과는 지금 내가 증명하고 있다. 완벽하지 않아도 괜찮았다. 중요한 건 실행하는 용기였고, 그 실행이 지금의 나를 만들었다. 지금도 가끔 내가 이 자리에 있다는 것이 믿기지 않을 때가 있다.

예전에 산타 모니카 칼리지에서 하얀 실습 가운을 입고 지나가는 학생을 봤을 때, 그 모습을 멀리서 바라보며 나도 저 자리에 서고 싶다고 생각하던 내 모습이 떠올랐다. 지금 다시 그때의 나에게 말해주고 싶다.

"포기하지 않고 계속 해줘서, 정말 잘했어."

두 아이의 엄마로, 간호사로, 그리고 한 사람으로 살아간다는 것

나는 두 아이의 엄마이다. 이제는 청소년기에 접어들었지만, 내게는 여전히 품에 안고 싶은 아기 같은 존재들이다. 엄마로서 아이를 돌보는 일, 간호사로서 환자를 돌보는 일, 그리고 한 사람으로서의 내 공부와 일을 병행하는 삶은 결코 쉽지 않았다. 사실 누가 이 모든 걸 하라고 계획해 놓은 것도 아니었다. 그저 하루하루 눈앞의 일들을 하다 보니, 어느새 이렇게 많은 역할들을 짊어진 채 살아가고 있었다.

나의 첫째 아이가 자폐 스펙트럼 진단을 받았을 때, 나는 눈앞이 캄캄했다. 아이의 미래를 걱정하면서도, 한편으로는 내가 이 아이를 온전히 돌보기 위해 내 모든 커리어를 내려놓아야 하는 게 아닐까 하는 깊은 고민에 빠졌었다. 아이를 위한 헌신과 나 자신의 삶을 향한 갈망 사이에서, 나는 몇 번이나 흔들렸고 때로는 눈물을 훔치며 잠들었던 날도 있었다.

그럴 때마다 머릿속에 떠오르던 이야기가 있다. 유명한 비유 중의 하나인데, 유리병에 큰 자갈을 먼저 넣어야 작은 자갈도, 모래도 그 안에 들어갈 수 있다는 말이다. 나는 내 삶의 유리병에 가장 먼저 아이들, 이 소중한 보석들을 넣었다. 그리고 그다음이 나의 일, 그다음 크기의 작은 돌들이었고, 공부는 정말 말 그대로 모래처럼 빈틈을 찾아 흘러들어 간 시간이었다.

나는 새벽에 한두 시간 먼저 일어나 책을 폈고, 아이들을 재운 후에는 다시 책상에 앉아 공부를 이어갔다. 잠을 줄이고 시간을 쪼개며 "이게 과연 무슨 의미가 있나?" 싶을 때도 많았다. 일을 하면서도 약간의 남는 시간이 있다고 메모카드를 보면서 시험공부를 했다. 간호학 학사와 석사를 그런 식으로 시간을 쪼개고 쪼개서 공부했다. 너무 힘든 시절은 한두 학기 쉬어가기도 했다. 항상 마음속에는 아이들에 대한 죄책감 같은 것이 있었지만 그렇다고 이왕 시작한 거 포기할 수도 없었다. 석사를 졸업하고 정신 전문간호사의 자격증을 2022년도에 따내었다. 그런 나날 중에, 내 딸이 어느 날 문득 말했다. "엄마, 나도 엄마처럼, 세라 이모처럼 정신과 전문간호사가 되고 싶어." 이 말을 들었을 때 내 죄책감이 눈 녹듯 사라졌다. 내가 열심히 하는 모습이 아이들에게 좋게 보였구나 해서 말이다. 나는 내가 아이들에게 무엇을 해주고 있는지조차 잘 모르고 있었는데, 어느새 아이들은 나의 삶을 보고 배우고 있었던 것이다. 엄마가 밤늦게까지 공부하는 모습을 보며, 그들은 인내와 노력, 그리고 꿈을 향한 여정을 직접 체험하고 있었다. 그 모습을 통해, 나는 엄마로서 부족하지 않았음을,

그리고 이 모든 고민이 결국 헛된 것이 아니었음을 조금씩 깨달아갔다.

이 이야기를 굳이 하는 이유는, 나처럼 아이에게 100% 헌신하지 못하는 것에 죄책감을 느끼는 수많은 엄마들이 있다는 걸 알고 있기 때문이다. 미국 간호사라는 직업은 풀타임으로 일할 때에도 어느 정도 안정적인 스케줄을 유지할 수 있어서, 육아와 병행하기에는 나쁘지 않은 선택이다. 보통 12시간 시프트를 3일 일하면 풀타임이고 시프트를 밤낮으로 바꾸지 않아도 된다.

지금의 널스 프랙티셔너(전문 간호사) 역할은 더더욱 시간적으로 유연해서, 아이들과 함께할 수 있는 시간도 많아졌다. 특히, 정신과는 내가 원하는 만큼, 할 수 있는 만큼 하고 그만큼 벌 수 있다. 중요한 것은 나의 우선순위를 정하는 것이다. 일할 수 있는 곳도 다양하여 병원이나 개인 클리닉 아니면 집에서 전화나 화상 통화만으로도 환자를 진료할 수 있다. 아이들이 학교에 가 있는 시간을 이용해 집중해서 일을 하고 오후에는 가능한 한 아이들과 시간을 보내려고 노력 중이다. 아이들을 가장 중요한 위치에 두되, 내 삶의 성장도 포기하지 않는 것. 그렇게 균형을 찾다 보면, 자기계발을 위한 시간도 충분히 만들어 낼 수 있다.

나는 더 이상 완벽한 엄마가 되어야 한다는 압박에 짓눌리지 않는다. 오히려, 흔들리면서도 나아가는 모습, 실패와 포기 사이에서 다시 일어나는 엄마의 모습을 보여주는 것이 아이들에게 더 값진 교육일 수 있다는 것을 깨달았다. 지금도 나는 두 아이의 손을 꼭 잡고, 가끔은 무너지고 가끔은 웃으면서, 여전히 그 유리병 속의 보석들을 지키며 살아가고 있다.

다름을 인정해야 내가 산다

문화 차이를 넘어 나를 지키며 성장하기

한국과 미국의 정서는 확실히 다르다. 미국에는 너무 다양한 인종과 문화가 공존한다. 각자의 문화와 성격도 모두 다르기에 하나로 묶을 수 없다. 그래서 그저 '그게 그들의 방식이구나'하고 받아들여야 한다. 그 인종과 문화에 따라서 일하는 방식이나 대하는 자세도 다르다.

예를 들어, 미국 사람들은 나눠 먹지 않는다. 같이 시험공부 하기로 한 같은 반 친구는 간식을 주섬주섬 꺼내서 "한번 먹어봐"라는 말 없이 자기만 먹는다. 먹고 싶진 않았지만, 아무 말도 없이 혼자 먹는다는 사실이 그때는 충격이었다.

어떤 파티는 정확한 시간에 시작하지만, 어떤 파티는 초대 시간에 도착하면 그제서야 셋업을 시작한다. 나는 제시간에 갔는데, 오히려 실례가 되었다. 쭈뼛하게 서 있다가 그냥 같이 물건 날라주고 파티 준비를 같이 도와주게 되었다.

생일 파티에 초대가 되어 식당에 갔는데, 전부 각자 자기가 먹은 것을 따로 계산했다. 자기가 마신 음료수 하나까지도 찾아내어 텍스랑 팁까지 따로 계산하여 각자가 따로 내었다. 지독하게 개인주의인 게 어색했는데 지금은 오히려 그것이 더 편하게 되었다.

간호사 일을 하면서 (특히 초반에는) 일을 제시간에 끝내지 못한 날들이 몇 번 있었다. 예를 들어, 퇴근하기 직전에 환자가 넘어진다든지, 어떤 환자가 다른 환자를 때렸다든지 하면 Incident Report(사고 보고서)를 작성해야 한다. 나는 내 업무를 마치고 가기 위해 오버타임을 했는데, 매니저는 그것조차 싫어했다. "타임카드 찍고 돈은 안 받아도 된다"라고 말해도, "그냥 제시간에 퇴근하라"라고 했다. 오버타임은 내가 받는 월급에 한 배 반이고, 내가 일하는 시간이 아닌데 유닛에 있다가 일이 생기면 병원이 보상을 해 줘야 하는 일이 발생할 수도 있기 때문이다.

병원에서 일하는 동료는 친구가 아니다. 약간의 거리는 두어야 한다. 자신의 개인 정보에 대해서 너무 자세하게 얘가 하지 않는 것을 권한다. 예를 들어, 집에 가정불화가 있다든지, 남편이랑 사이가 안 좋다든지. 그런 자세한 얘기는 어느새 이상한 루머가 되어 돌 수가 있다. 이건 우리나라에서도 마찬가지겠지만, 미국 병원 안에서도 꽤 심하다. 일은 지루하고 남의 소문은 짜릿하기 때문이다.

미국 사람들은 영어로 유창하게 말하지만, 실제로는 실속이 없는 경우도 많다. 그들은 당당하게 윗사람들에게 말을 잘하고, 손을 들고 질문도 잘하였다. 한국에서 일방적인 교육을 받고 자란 나는 도저히 손을 들고 질문을 할 자신이 없었다. 토론식으로 교육을 받는 미국인들은 당당히 자신의 생각들을 표현한다. 선생님의, 아니면 상사의 잘못된 점도 지적을 해도 그렇게 '찍히지는' 않는다. 한국 사람들은 겸손해서 "아니에요, 잘 못해요"라고 말하지만, 미국 사람들은 "할 수 있어요. 저는 잘해요. 아무 문제 없어요."라며 자신 있게 말한다. 그런데 막상 함께 일해 보면, 의외로 게으른 사람이 많고 일을 허술하게 해 놓는다.

나는 다행히 한국에서 자랐고 성실한 부모님을 보면서 배웠다. 우리나라 사람들은 같이 모이면 일을 척척 빨리 해냈고 보통은 불평을 하지 않는다. 선생님이나 선배들이 하라고 하면 그냥 했었다. 내가 잘 못하면 남에게 피해를 주겠구나 하는 조바심도 있었다. 한국 사람들은 보통 이런 심성이 베이스로 깔려 있어서 웬만하면 다른 나라에 가도 잘 살아남는다. 영어를 완벽하게 하지 못하여도 곁눈질로 눈치로 배워가며 모자란 부분은 메꾸어 버린다.

그런 내가 처음에 미국에 왔을 때는 다른 사람들도 응당히 그러리라고 하고 열심히 일하였다. 다른 사람들 일하는 걸 보고 있자니 갑갑함이 올라오면서 스트레스를 받았다. 내가 열심히 하니, 당연하게 생각하고 나한테 일을 더 떠넘겼다. 남의 다 못하는 일까지 내가 빨리 해버리면 더 인정받을 줄 알았다. 그 사람들은 문화가 원래 그래서 자기가 더디게 일하는지 모른다. 아마도 그 사람들은 이리저리 뛰어다니는 나를 이상하게 봤으리라. 널스 프랙티셔너가 되어 다른 환경과 대우에서 일하는 지금도 그 다름들을 계속 느낀다. 나는 포기한 것이 아니라 다름을 인정했다. 너무 조바심내고 잘 해내고 싶은 마음도 조금은 내려놓고. 지금은 그 사람 일은 그 사람이 자기 속도대로 잘 하겠지 하고 멀리서 바라본다.

내가 이런 얘기를 길게 하는 것은, 이런 문화 차이가 오히려 한국인에게 유리하게 작용할 수도 있다는 것이다. 그나마 미국에서는 위계질서가 덜 하고 개성을 중시하므로, 다름을 인정하고, 나의 장점을 살려 성실하고 전문성 있게 일한다면, 내가 여기서 마이너일지라도 결국 그 안에서 인정받을 수 있다는 얘기다. 다름을 인정해야 내 마음이 편하고, 현명하게 대처할 수 있다.

DNP 과정에서 마주한 다름, 그리고 계속되는 나의 성장통 이야기

미국에 온 지는 꽤 되었지만, UCLA에서 간호학 박사(DNP) 과정을 시작한 이후로 또 다른 차원의 문화 충격을 경험하고 있다. 이전까지는 환자와의 직접적인 임상 현장에서 문화 차이를 느꼈다면, 박사 과정에서는 학문적 소통 방식과 리더십 기대치, 그리고 학업 환경 자체가 한국에서 자라온 나의 문화적 배경과 충돌했다.

UCLA는 다양성과 포용을 중요시하는 학교다. 수업에 들어가면 교수님들은 학생들의 의견을 적극적으로 끌어내려 하고, 언제나 "당신의 생각은 어떠한가요?"라고 묻는다. 처음엔 이 질문이 부담스러웠다. 나의 생각이 과연 이 자리에서 말할 가치가 있을까? 다른 사람들이 나를 어떻게 볼까?

한국식 교육에서는 질문보다 정답을 잘 외우는 것, 표현보다는 겸손함과 조심스러움이 미덕이었다. 그래서 미국에서 자라온 학우들이 자신 있게 손을 들고 논쟁을 주도하는 모습을 보며, 처음엔 내가 뭔가 부족해서 이런 대화에 끼지 못하는 거 아닌가 하는 위축감이 들기도 했다.

어느 날은 수업 중 한 친구가 교수님의 논리를 조목조목 반박하며 자신의 의견을 펼쳤다. 나였다면 상상도 못 했을 장면이었다. 그런데 놀랍게도 교수님은 그 친구의 의견을 매우 긍정적으로 받아들이고, 오히려 수업을 더 풍성하게 만들어 주었다. 그 장면이 나에게는 굉장한 전환점이었다. "틀리더라도 말할 수 있는 용기", "의견을 말하는 것은 지적 충돌이 아니라 상호 성장의 과정"이라는 걸 몸으로 깨닫기 시작한 것이다.

또한, DNP 과정에서는 팀 프로젝트가 많다. 처음에는 미국인 동료들의 느슨한 태도에 적잖이 답답함을 느꼈다. 미팅 시간은 자주 바뀌고, 약속된 일정을 지키지 않거나, 대충한 듯한 자료를 보내오는 경우도 있었다. 나는 한국에서 익숙한 방식대로, 남이 하기 전에 미리 준비하고, 빠르게 처리하며, 꼼꼼하게 마무리하는 것이 기본이라고 생각했지만, 여기선 그게 당연하지 않았다. 나 혼자 너무 서두르다 보니, 오히려 그들이 나를 조급하고 예민한 사람으로 볼 수도 있다는 걸 나중에서야 깨달았다.

특히 힘들었던 것은 'No'라고 말하는 연습이었다. 한국에서는 '예'라고 하는 것이 예의이고, 함께 협력하는 자세였다. 하지만 여기서는 자신의 의견이나 스케줄을 명확하게 선을 긋고 거절할 수 있어야 한다. 처음에는 부탁을 거절하지 못하고 다 받아들이며 스스로를 소진시켰다. 그러다 어느 순간, 나의 한계치를 인식하고 "이번엔 어렵겠어요"라고 말할 수 있게 되면서부터, 오히려 주변과의 관계가 더 건강해졌다.

미국에서는 자기 한계를 아는 것도 능력이고, 스스로를 돌보는 것이 책임이라는 걸 배웠다.

　그리고 무엇보다 가장 큰 도전은, 언어가 아닌 '정체성'에 대한 흔들림이었다. 나는 한국에서 교육을 받았고, 한국적 가치관과 태도를 기본으로 삼고 살아왔다. 그런데 이곳에서는 때로 그런 나의 모습이 '수동적'이라거나 '의견이 없는 사람'처럼 보일 수 있다는 게 속상했다. 그래서 나는 지금도 고민한다. 어떻게 하면 내가 가진 한국인의 강점(성실함, 팀워크, 배려)을 잃지 않으면서도, 미국 사회가 요구하는 리더십과 자기 표현력을 함께 갖출 수 있을까?

　그 고민 속에서 내가 찾은 답은 하나다. "다름을 인정하는 것에서부터 내가 산다." 내 방식이 틀린 것이 아니라 그저 다를 뿐이라는 것, 그리고 그 차이를 이해하고 존중하는 것이 전문가로서 성숙해지는 과정이라는 것을 이제는 안다. 더 이상 스스로를 자책하지 않고, 나의 배경을 무기로 삼아 내 속도대로 나아가려 한다. 그리고 그 길에서 만난 사람들과의 인연은 또 하나의 자산이다. 같은 과정을 걷는 동료들, 서로 다른 문화적 배경 속에서도 진심으로 지지해주는 교수님들, 그리고 내 꿈을 응원해주는 친구들과 가족들이 있기에 나는 여전히 이 길 위에서 배우고, 성장하고 있다.

나는 좋은 사람들과
함께 간다

☼ 말이 닿지 않는 그곳에서, 마음이 닿는 간호

나는 지금 정신건강 전문간호사로 일하고 있다. 사실 간호학과에 다닐 때만 해도 나는 수술 방 간호사가 되기를 꿈꾸었다. 환자의 생명을 다루며 긴장감 속에서도 보람을 찾을 수 있는 그 일이 내 길이라고 생각했다. 하지만 졸업 후 현실은 그렇게 녹록지 않았다. 병원에 인맥이 없고 특별히 내세울 경력도 없었던 나는 수술 방 간호사라는 꿈을 이루기가 어려웠다. 취업 시장은 냉정했고, 마음처럼 길이 열리지 않았다. 경력 초반, 우연히 고세라 박사님이 근무하시던 정신병동에 소개를 받게 되었다. 2012년에 그렇게 정신과 간호사의 일을 처음 시작하게 되었지만, 사실 나는 간호 실습 때만 해도 "정신병동에서는 절대 일하지 않겠다"라고 다짐했었던 적이 있었다. 간호학생 시절 내 영어는 완벽하지 않았었고, 정신과 환자들의 하는 말은 너무 빠르고, 혼란스럽고, 말의 앞뒤가 맞지 않아 이해하기조차 힘든 상황에서, 언어 장벽까지 겹쳐 자신감이 많이 떨어졌었다. 그래서 손재주를 쓰는, 그리고 말이 많이 필요 없는 수술실 같은 곳에서 일하겠다고 다짐했었다. 그런데 아이러니하게도 딱 그 정신과가 내 평생 일이 될 줄은 정말 몰랐다. 취업이 힘든 터라 '어떻게 되든 되겠지'하는 마음으로 부딪쳐 보았다. 막상 들어가 보니 정신과 병동은 생각했던 것보다 훨씬 더 복잡하고 규칙이 많았다. 환자들이 자해하거나 타인을 해칠 수 있어 항상 긴장해야 했고, 응급상황이 빈번하게 발생하는 곳이었다.

그 안에서 나는 수많은 환자들을 만났다. 사회에서 소외된 사람들, 가족조차 포기한 사람들, 치료를 받아도 다시 일상으로 돌아가기 어려운 사람들, 심지어 출소 후 병원과 교도소를 오가며 생활하는 사람들까지. 처음에는 두렵기도 하고 당황스러웠지만, 시간이 지나면서 나는 환자들에게서 오히려 더 많은 것을 배우고 있었다. 그들의 이야기를 들으며 나는 선입견을 하나씩 내려놓게 되었다. 아무리 재활 치료를 하고 중독 치료를 해도 좀처럼 끊기 어려운 술과 약물의 굴레 속에서, 그들은 어린 시절부터 겪어온 트라우마로 여전히 고통받고 있었다. 마음의 상처가 깊어 삶을 감당하기 어려웠던 그들은 결국 알코올과 약물에 의존하며 살아가고 있었다.

나는 원래 인내심이 많은 편이고 남의 이야기를 귀 기울여 듣는 것을 좋아한다. 그 점이 정신과 간호사로서 나의 강점이 되었다. 정신과 환자들은 이미 마음이 다친 사람들이 많았고 누군가의 따뜻한 관심을 받고 싶어한다. 나는 리액션을 잘 해 주면서 잘 들어준다. 그러면 꽤 많은 환자들이 금방 마음을 열고 치료 계획을 받아들인다. 정신과에서는 환자의 상태를 세심하게 살피고, 위기가 닥치기 전에 안전 조치를 취하는 것이 매우 중요하다. 적절한 약을 투약하고, 환자가 자신이나 타인에게 위험이 될 경우에는 격리 조치를 해야 한다. 정신과 의사와의 소통도 매우 중요하며, 위급 상황에서는 침착하고 빠르게 판단하여 응급상황을 진정시키는 순발력과 재치가 필요하다. 그리고 정신과 의사들이 할 수 없는 간호사와 전문간호사만의 세심하고 따뜻한 의료서비스는 우리의 장점이다. 간호사들은 환자들과 더 많은 시간을 지내며 바로 옆에서 도와주기 때문이다. 그래서 그 환자에 대해서 잘 알아야 하고 그러려면 그 사람의 얘기를 잘 들어야 올바른 판단을 할 수 있다.

몇 년 전, 키가 192㎝가 넘는 조현병 환자(정신분열증 스펙트럼 장애 중 하나)가 입원한 적이 있었다. 그 환자는 망상에 사로잡혀 다른 환자가 자신을 해치려 한다고 믿으며 점점 흥분했다. 우리는 경비를 부르고 남자 간호사들이 상황을 통제하려고 준비했다. 그런데 그 순간, 작은 체구의 나이 많은 간호사가 쿠키 한 봉지를 들고 다가가 이렇게 말했다. "이거 먹으면서 나랑 얘기 좀 할래요?" 그러자 놀랍게도 그 환자가 쿠키를 받아 들고 아이처럼 순순히 그 간호사 옆에 앉았다. 그 간호사는 그 환자가 쿠키를 좋아하는 것을 이미 파악했기 때문에 가능한 일이었다. 물론 모든 환자가 이렇게 순조롭게 안정되는 것은 아니다. 하지만 환자의 상태와 망상의 포인트, 그 사람이 가장 두려워하는 것이 무엇인지 미리 파악하고 있으면 위급한 상황에서도 순발력과 재치로 대처할 수 있다.

정신과 환자들을 상식적인 기준으로만 대하면 서로 스트레스만 쌓인다. 놀랍게도 정신병동에는 과거에 정상적으로 사회생활을 하던 사람들이 많이 있다. 정신과 의사, 심리학자, 교수였던 사람들도 환자로 입원하는 경우를 보았다. 그들은 여전히 자신이 병원에 있을 이유가 없다고 믿으며 현실을 받아들이지 못한다. 그들에게 현재의 상황을 받아들이도록 돕는 일은 참으로 쉽지 않다. 특히 한국 환자들의 경우, 높은 학력과 사회적 지위로 인해 정신질환을 숨기려는 경향이 강하다. 병을 인정하지 않고 숨기다 보니 치료 시기를 놓치고, 결국 중증 상태에서 병원에 오게 된다. 미국에서는 언어 장벽으로 인해 도움을 받지 못하는 한인 부모님들도 많다. 영어를 하지 못해 자녀의 정신적 문제를 해결하지 못하고 발만 동동 구르며 고립되는 모습을 보면 안타까운 마음이 든다.

그런 환자나 가족들이 한국어로 전화를 받을 때면 기뻐하며 눈물을 터뜨리는 모습을 보았다. 그동안 얼마나 답답했을지 짐작이 간다. 한국인 이민자들에게 정신과 치료는 여전히 민감하고 숨기고 싶은 문제지만, 나는 정신과 간호사로서 그들이 마음의 짐을 내려놓고 치료받을 수 있도록 돕고 싶다. 낙인을 벗어나고, 환자와 가족들이 다시 일상으로 돌아가도록 돕는 것. 그것이 내가 이 일을 사랑하는 이유다.

처음에는 내가 이 길을 선택할 줄 몰랐다. 하지만 돌이켜 보면, 나에게 이 길은 가장 잘 맞는 길이었다. 정신과에서 일하면서 나는 더 단단해졌고, 마음이 더 넓어졌다. 언어가 통하지 않아도 마음이 통하는 순간들을 경험하며 이 일을 계속할 수 있는 힘을 얻는다. 환자들이 퇴원하면서 "다시 일어나 보고 싶다"라고 말하거나, 가족들이 안도의 한숨을 내쉬며 고맙다고 인사할 때마다 내가 하는 일이 단순한 직업이 아니라 누군가의 삶에 작지만 따뜻한 등불이 되고 싶다는 걸 느낀다. 이제는 자신 있게 말할 수 있다. 이 길이 내 평생의 직업이고, 앞으로도 나는 환자들의 아픔에 조금 더 가까이 다가가면서 함께 길을 찾아가고 싶다. 환자 한 사람, 한 사람의 마음을 어루만지며 그들이 다시 일상으로 돌아갈 수 있도록 돕는 것. 그것이 내가 간호사로서 느끼는 가장 큰 보람이자 앞으로도 계속 걸어가고 싶은 이유다.

나는 좋은 사람들과 함께 간다

나는 살아오면서 좋은 사람들을 참 많이 만났다. 때때로 스스로도 놀랄 만큼 인복이 많은 사람이라는 생각이 든다. 도대체 어쩌면 이렇게 좋은 사람들만 내 곁에 모였을까 싶을 때가 있다. 나는 그 사실 하나만으로도 용기를 내어 앞으로 나아간다. 목표를 세우고 한 걸음씩 실행하기 시작하니, 신기하게도 그 길에 맞는 인연들이 자연스럽게 나타나 내 손을 잡아주었다. 영어가 서툴러 말이 잘 통하지 않을 때도 인내심을 가지고 내 이야기를 들어주던 친구들이 있었고, 낯선 타국에서 외로움에 지칠 때마다 따뜻하게 곁을 내어주며 함께 마음을 나누던 친구들도 있었다.

그중에서도 고세라 박사는 절대 빠질 수 없는 소중한 인연이다. 그녀는 나의 친구이자 멘토로, 내가 힘들 때마다 진심을 다해 조언해 주었고, 때로는 내가 멈추지 않도록 강하게 등을 밀어주기도 했다. 내가 처음 랭귀지 스쿨을 다니던 그 시절부터 널싱 스쿨까지 같이 다니며 돕고 격려했다. 시간이 흘러 그녀는 이미 널스 프랙티셔너로 자리 잡은 상태였고, 박사 과정을 막 시작하려던 시기였다. 나는 그대로 정신과 간호사였고 그녀는 이틀을 걸러 나에게 전화해서 빨리 널스 프랙티셔너가 되라고 계속 설득하였다. 나는 그녀에게 물었다. "왜 이렇게까지 나를 신경 써주는 거냐?" 그러자 그녀는 "다 같이 잘 살고 싶어서."라고 대답했고, 그 짧은 한마디가 내 마음 깊이 박혔다. 너무나 단순하지만, 깊은 울림이 있는 말이었다. 경쟁보다는 함께 성장하고 나누려는 그녀의 마음은 내게 큰 감동이었고, 그 말은 지금까지도 내 마음속에서 방향을 잡아주는 나침반이 되어주고 있다.

고세라 박사의 따뜻한 격려 덕분에 나는 남가주간호협회 임원이 되었고, 박사 학위에 도전하겠다는 다짐도 굳혔다. 좋은 사람, 나와 같은 '결'을 가진 사람과 함께라면, 그들의 조언을 기꺼이 받아들이고 서로 도움을 주고받으면서 어떤 어려움도 극복할 수 있다는 것을. 함께라면 불가능할 것 같은 일도 기꺼이 해낼 수 있다. 일당백이라는 말처럼, 함께하는 힘이 그렇게 크다는 걸 몸소 느꼈다.

지금 나는 정신과 환자들과 상담하고 진료하면서 나 스스로도 하루하루 배우고 성장하고 있다. 환자들이 들려주는 트라우마와 학대의 기억을 들으며, '과연 내가 저 상황에서 저렇게 살아남을 수 있었을까?'하며 깊은 존경의 마음마저 들기도 한다. 그리고 나는 실제로 그들에게 존경한다고 얘기한다. 때로는 그들의 아픔을 들어주면서 내가 과연 그들에게 무엇을 해 줄 수 있을까 하는 무력감에 빠지기도 한다. 일과를 마치고 집으로 돌아가는 길에서도 종종 그들의 이야기가 떠올라, 마음속으로 조용히 기도하는 것 외에는 내가 할 수 있는 일이 없다는 사실이 안타깝다.

그렇지만 고세라 박사가 했던 말처럼, '다 같이 잘 살고 싶다'라는 그 마음 하나로 나는 다시 힘을 얻는다. 그 말은 단지 가족이나 친구, 동료들에 국한된 것이 아니라 내가 돌보는 환자들, 내가 만나는 모든 사람들을 포함하는 말이라고 믿는다. 우리가 서로의 삶을 조금이라도 더 따뜻하게 만들 수 있다면, 때로는 작은 친절이나 다정한 말 한마디로, 누군가에게 큰 힘이 되어 줄 수 있다는 것을 알기에 나는 오늘도 다시 마음을 다잡는다. 다 같이 잘 산다는 것은 결국 서로를 잊지 않고, 함께 격려하고 위로하며 살아가는 것 아닐까. 그런 삶이 내가 바라는 삶이고, 앞으로도 내가 계속 걸어가고 싶은 길이다.

김지성

RN, BSN
Email : psily333@gmail.com

- 2021년 Westcoast University 간호학과 학사 졸업
- 현 West Los Angeles VA Hospital Acute Psych unit RN 근무
- 전 LADMC Acute Psych unit - RN 근무
- 전 U.S Army 군인

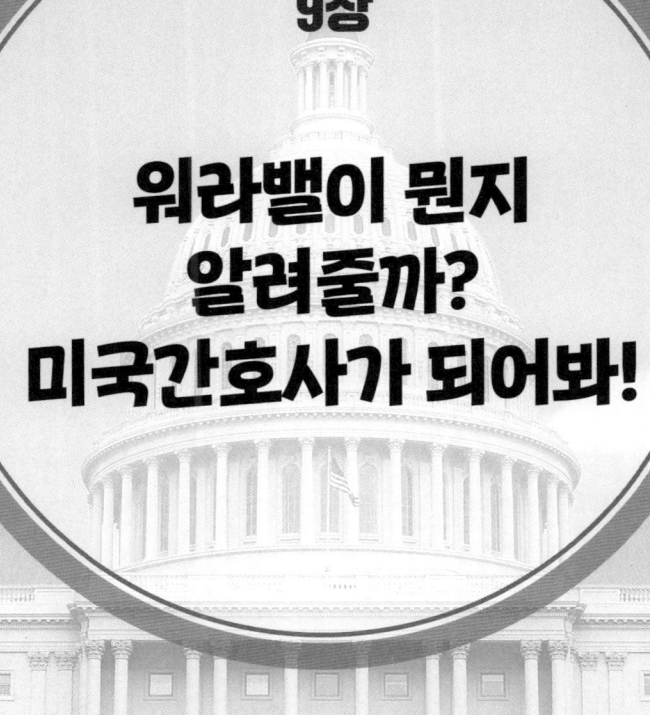

9장

워라밸이 뭔지 알려줄까? 미국간호사가 되어봐!

아프가니스탄 참전 미군의 트라우마, 간호사가 되어 치유하다

　난 어릴 때부터 참 꿈이 많았다. 난 어릴 때부터 성공하고 싶었고, 돈도 많이 벌고 싶었고 무엇보다 행복하게 살고 싶었다. 초등학교에 다니던 어느 날, 미국 학교에 대한 다큐멘터리를 봤다. 다큐멘터리에 나오는 학생들은 밝게 웃고 있었고, 즐거워 보였다. 어린 나에게 미국의 학교생활은 큰 충격으로 다가왔고 그때부터 난 무작정 미국에 가서 살고 싶다는 생각을 했다. 고등학교를 졸업하고 군대에 자원입대를 했다. 지금도 그렇겠지만 군대를 가지 않으면 유학비자가 잘 나오지 않았기 때문이다. 군대 제대를 하고 3달 후 LA행 비행기에 몸을 실었다. 미국에 그냥 가고 싶었던 나는 실제적으로 유학 준비를 하지 않고 떠났고, 그 대가는 미국에 도착하자마자 그대로 돌아왔다. 커뮤니티 컬리지에서 공부를 시작했지만, 수업은 너무 힘들었다. 처음 써보는 영어 수업의 에세이는 감도 잡지 못했다. 많은 수업에서 발표와 토론 수업이 있었다. 생각을 많은데 그 생각이 입 밖으로 나오지가 않았다. 너무 후회가 되었다. 영어 공부를 좀 하고 올 것을. 매 수업이 공포스러웠다. 그토록 원하던 유학이었는데 행복하지도 않고, 오히려 미래를 그릴 자신도 없었다. 그러던 중 들었던 수학 수업은 내가 여기 학생들 보다 잘하는 게 있는 유일한 과목이었다. 한국에서 잘하지도 못하던 수학이었지만 여기서는 공부를 할 필요도 느끼지 못했다. 물론 수학과 수업을 들은 게 아닌 필수수업 중 하나였기에 그랬을 것이다. 자연스레 어쩌면 조금은 비겁한 생각으로 전공을 회계학으로 정하고 공부를 이어 나갔다. 다행히 회계학 수업은 그렇게 힘들지 않았다. 그렇게 몇 년이 지나고 인턴십을 나갔는데 거기서 본 회계사 선생님들의 삶은 내가 원하는 삶이 아니었다. (회계사 선생님의 삶도 너무 멋있고, 훌륭한 직업이지만 내가 원하는 삶은 아니었다는 뜻이다.) 매일 조그만 책상에 앉아 숫자만 보시는 회계사 선생님들, 거기에 난 영어 실력이 뛰어나지 않았기 때문에 유명한 회사로 들어갈 자신도 없었다. 그때의 내가 그릴 수 있는 나의 미래의 그림은 한인들을 상대하면서 한인 사회에 갇혀 지내는 그런 모습이었다. 내가 살고 싶었던 삶은 그런 삶이 아니었다.

그러던 어느 날, '24Hr'라는 TV 시리즈를 봤다. 너무나 철없는 생각이었지만 그 시리즈에 나오는 주인공이 너무 멋있어 보였고, 나도 연방요원에 되어서 뭔가 멋있는 삶이 살고 싶었다. 나도 무언가 미국에 필요한 사람이 되고 싶었다. 대단한 사람은 아니더라도 보통 미국 사람들 속에서 하나의 일원으로 살아가고 싶었다. 하지만 어떻게 연방요원이 되는지 알지 못했다. 주위에 연방요원을 수소문했고, 내가 연방요원이 될 수 있는 방법을 물어보았다. 그분은 지금의 나는 연방요원이 될 수 없다고 했다. 그분은 내가 연방요원이 될 수 있는 방법은 하나밖에 없다고 했다.

"Join the Army."

2~3개월을 고민했다. 한국에서도 그렇게 힘들어했던 군대를 또 가야 한다는 사실을 인정하고 싶지 않았다. 하지만 조금만 고생하자, 여기는 때리지는 않는다던데 하는 생각으로 입대를 결정했다. 훈련소 생활은 쉽지 않았다. 오랜 시간 운동을 하지 않았었기에 달리기부터 다른 동기들을 따라가지 못했다. 영어도 읽고 쓰는 것은 어느 정도 가능했지만 말을 잘 못했기에 많은 놀림을 받았다. 처음부터 대놓고 날 무시하는 동기들도 많았다. 난 그들과 싸우고 싶지 않았다. 멘탈은 자신 있었기에 '너는 떠들어라. 난 모른다'하는 심정으로 생활했다. 체력은 다른 동기들에게 미치지 못했지만, 한국에서 군 생활을 했기에 훈련들이 익숙하기는 했다. 누구보다 빨리 준비했고 남는 시간에 동기들을 도왔다. 그러면서 날 챙겨주는 동기들이 생겨났다. 그리고 어느 순간 날 무시하는 동기들이 사라지기 시작했다. 없던 체력은 훈련을 받으면서 좋아지기 시작했고 무사히 훈련소를 마칠 수 있었다. 난 켄터키 부대로 부대 지정을 받았고 그렇게 미군 생활은 시작되었다. 처음 가보는 동네였다. 도시에서만 살던 난 사실 그렇게 아무것도 없는 동네는 처음 살아보았다. 물론 무료하기는 했지만, 그래도 미군 생활은 할 만했다. 그날이 오기 전까지는.

어느 날, 부대 전체에 명령이 떨어졌다.

"이 시간 이후로 모든 군인의 전출은 금지된다. 우리 부대는 아프카니스탄으로 떠날 것이다."

그때부터 6개월간의 힘든 훈련이 계속되었다. 내 인생을 지금까지 살아오면서 육체적으로 가장 힘든 6개월이었다. 그때까지만 해도 왜 이렇게 힘들게 훈련을 해야 하는지 알지 못했다. 6개월 후, 우리 부대는 아프카니스탄으로 떠났다. 너무나 당연하게도 숙소는 나무 합판으로 지어진 허름한 숙소였고, 날씨는 계절에 따라 추위와 더위가 날 힘들게 했다. 음식도 데워서 먹는 음식으로 보냈다. 하지만 날 가장 힘들게 하는 것은 내 옆의 동료가 내 앞에서 죽어 갈 때였다. 처음의 무서움은 차가움으로 바뀌었고 결국에는 분노로 바뀌었다. 부대 안으로도 폭탄이 날아들었다. 몇 번이고 자다 일어나 방공호로 향했다. 난 그때 환경이 사람을 악마로 만들 수도 있다는 사실을 스스로 깨달았다. 생각은 날이 서 있었고, 내 머릿속에 행복이라는 단어는 사라져 있었다. 나와 동료들이 살기 위해서는 무엇이든지 할 수 있었다. 동료들이 세상을 떠나고 내가 다칠 때마다 나의 분노는 내 생각의 전체를 채우기 시작했다. 인터넷도 거의 터지지 않는 공간에서 난 그렇게 웃음을 잃어 갔다. 그렇게 1년이라는 전쟁터의 생활이 끝나고 나는 다시 미국으로 돌아왔다. 그러나 난 이미 이전에 행복하게 살고 싶던 내가 아니었다. 군대에서 연장 신청을 하자고 했지만 이미 내 심신은 무너져 있었기에 난 제대 신청을 하였다. 그렇게 5년이라는 군 생활은 끝이 났다.

군을 제대하고 다시 LA로 돌아왔다. 특별히 다시 돌아올 이유는 없었지만 그렇다고 딱히 다른 곳으로 갈 생각도 없었다. 군에 있을 때는 군대라는 시스템이 날 움직이게 하였지만, 그 시스템에서 나온 나는 그냥 무너져 내렸다. 조그마한 아파트에 나를 가두어

두고 난 세상과 문을 닫았다. 내가 문을 열고 세상에 나가는 시간은 혼자 캠핑을 가는 그 시간뿐이었다. 2년간 그냥 그렇게 살았다. 사람을 만나기 싫었고, 무서웠다. 한국에 계시는 부모님은 날 걱정하셨지만 난 그 사랑의 대화를 잔소리로 듣고 화만 내며 살았다. 그러던 어느 날 바닷가 근처에서 캠핑을 하고 있는데 스쿠버 다이빙을 하는 모습을 봤다. 재미있어 보였다. 2년간 처음으로 하고 싶은 게 생긴 순간이었다. 스쿠버 다이빙을 배웠다. 바다 안은 너무 평안하고 좋았다.

"다른 바다도 가보자."

그렇게 여행을 시작했다. 바다가 예쁘다고 해서 필리핀, 태국을 갔다. 그렇게 시작된 여행은 배낭여행으로 바뀌게 되었다. 먼저 유럽으로 향했다. 건축물도 멋있고 음식도 좋았지만 난 유럽에서 특별한 감정을 느끼지 못했다. 그들이 행복해 보이지도 않았고, 나에게 친절하다고 느끼지도 못했다. 남미로 향했다. 특히 남미는 나에게 너무 많은 생각을 하게 만들었다. 마추픽추와 나스카라인은 웅장함으로 다가왔고, 우유니 사막은 시간의 아름다움을 보여주었다. 칠레는 자연의 위대함을 보여주었고, 멕시코는 나에게 많은 역사 공부를 하게 했다. 엘살바도르에서는 내가 이들을 오해하고 있었다는 걸 알았다. 그들은 위험한 사람들이 아니었고 너무나도 맑은 사람들이었다. 다른 많은 남미의 나라들에서 너무 행복한 시간을 보냈다. 많은 사람들이 아직도 남미는 무서운 곳이라고 생각한다. 물론 위험한 지역이 있고, 나쁜 사람이 있다. 하지만 내가 여행을 하면서 느낀 것은 99%의 남미 사람들은 너무나 순수했고, 밝았으며, 사랑스러웠다는 점이다. 스페인어를 하지 못하는 나에게 도움을 주기 위해서 최선을 다했다. 많이 가지지 못한 그들이었지만 나에게 하나라도 나누어 주려고 했다. 무엇보다 난 그들의 웃음에서 행복을 느낄 수 있었다. 그들은 너무나도 열심히 살았고, 그러면서도 누구보다 웃으며 살았다. 난 나 자신에게 부끄러웠다. 내가 그들보다 가진 것이 없는 것도 아닌데, 그들보다 힘들게 살고 있는 것도 아닌데. 내가 살아가는 삶이 부끄러웠다. 나도 다시 행복해지고 싶었다. 나도 다시 시작하자. "행복해지자."

그렇게 여행의 시간을 마치고, 일을 시작해야겠다는 생각을 했다. 정신과에 가서 상담도 받았다. 약을 먹으면서 날카로웠던 성격도 많이 꺾였다. 무슨 일을 하면 될까 생각했다. 특별히 하고 싶은 것은 없었다. 그래도 군 경력이 있으니까 군 경력을 살릴 수 있는 직업을 선택하기로 했다. 경찰에 원서를 넣었다. 필기시험을 치고, 체력시험을 봤다. 마지막 인터뷰를 기다리고 있을 때 어머니께 연락이 왔다.

"그렇게 힘들었는데 꼭 다시 총을 들어야겠니? 다른 일을 하면 안 될까? 의사가 힘들면 간호사는 어떠니? 사람 도우면서 살면 좋지 않겠니?"

그동안의 나였다면 화를 냈었을 텐데 이상하게 그날은 조용히 대답했다.

"그럴게요. 간호학 공부할게요."

37살에 간호학 공부를 시작했다. 난 사실 암기에는 자신이 있었다. 그래서 다시 공부를 시작한다고 했을 때 큰 걱정이 없었다. 그런데 오랫동안 사용하지 않았던 나의 머리는 들어오는 단어를 하루만 지나면 지워버렸다. 거기에 간호학은 내가 그동안 해 오던 공부와는 너무 달랐다. 첫 1년은 그래도 단순 암기라 시간이 지나면서 편해졌지만, 정식적인 간호 공부가 시작되면서 이해가 안 되는 부분이 생기기 시작했다. 그럴 때마다 마음을 편하게 먹었다. 누가 나한테 일등 하라고 하는 사람 없다고. 중간만 하자고. 그렇게 정말 중간만 하면서 간호학과를 졸업했다. 그렇게 난 40살에 난 간호사가 되었다.

나의 행복한 병동생활

　나의 병동생활을 이야기하기 전, 미국 간호사의 스케줄과 연봉에 관해 설명하고자 한다. 미국 간호사로서 할 수 있는 일은 너무나도 많지만 기본적으로는 클리닉과 종합병원 병동 일을 대표적으로 들 수 있다. 클리닉은 낮에만 근무하고 주로 주말은 열지 않기 때문에 한국과 같이 하루 8시간 5일 근무를 기준으로 한다. 하지만 병동 근무는 한국과 다르게 거의 대부분의 병원들이 하루 12시간 주 3일 근무를 기준으로 한다. 그리고 시프트를 바꾸지 않고 낮 근무자는 낮 근무 만하고 밤 근무자는 밤 근무만 한다. 그렇기에 보통 밤 근무자들은 10% 정도 높은 임금을 받게 된다. 연봉에 관해 설명하자면 미국 간호사는 연봉보다는 시급의 개념으로 생각하는 것이 이해하기 편하다. 구인을 할 때 시급으로 구인하는 곳도 있지만, 연봉을 적어놓았다고 해도 연봉/52주/3일/12시간으로 계산하여 시급을 계산한다. 이렇게 시급을 계산하는 이유는 미국에서 OT(Over Time) 근무를 할 경우 자신의 임금을 계산하기 편하기 때문이다. OT의 경우 시급의 150%를 지급하고 공휴일 근무일 경이 200%의 시급을 지급하고 있다. 마지막으로 미국은 보통 월급보다는 2주에 한 번 임금을 지급한다.

미국의 병원은 크게 사기업 병원과 국가병원으로 나뉜다. 국가병원도 연방병원, 주병원, 카운티 병원, 그리고 시티병원으로 나뉜다. 이렇게 나누어 설명하는 이유는 국가병원 또는 국가기관에서 일하게 되면 공무원이 되는 것인데, 다른 소속의 병원 또는 기관에서 일하다가 다른 소속으로 일을 옮기게 되면 연금이 넘어가지 않는 것이 원칙이기 때문에, 한 소속에서 일을 했으면 같은 소속으로 옮기는 것이 중요하다. 이 말은 연방공무원은 캘리포니아에서 일하다가 하와이의 연방병원을 가게 되더라도 연금이 옮겨지지만, 주공무원의 경우는 캘리포니아에서 일을 시작했으면 캘리포니아 안에 있는 주병원이나 기관으로 옮겨야지 연금이 이전된다는 뜻이다. 대부분의 병원 또는 기관들은 영주권만 있으면 근무가 가능하지만 연방공무원은 시민권을 필수로 요한다.

난 간호사 공부를 시작하면서부터 가고 싶은 병원이 있었다. VA Hospital이라는 곳인데, 이곳은 한국의 보훈병원과 비슷하다고 생각하면 된다. 군인과 퇴역군인들만 사용할 수 있는 병원이다. 이 병원이 가고 싶었던 이유는 내가 군인 출신이기도 했고, 간호사에 대한 처우도 좋았기 때문이었다. 하지만 많은 간호사분들이 가고 싶어하는 곳이기도 했고 내가 졸업했을 당시 간호사를 뽑지 않았다. 그래서 난 VA 병원 인사과에 내 이력서와 이 병원에서 일하고 싶은 이유를 적어 보내고 다른 병원을 찾아보았다. 어느 나라나 마찬가지겠지만 경력이 없는 신입 간호사가 갈 수 있는 병원은 많지 않았다. 난 정신과 간호사가 되고 싶었다. 내가 정신과를 다니면서 나의 변화를 보았고, 내가 환자의 마음을 더 잘 알 수 있을 것이라 생각했다. 물론 나의 생각은 실제와 달랐지만. (나의 생각을 벗어나는 환자들이 90% 이상이었다.) 그래서 사립 정신 병원에 일하게 되었다. 내가 신인 간호사이기도 했고, 종합병원에 속하지 않은 정신병원이었기에 간호사에 대한 처우나 시급은 좋지 않았다. 그래도 정말 오랜만에 내 손으로 돈을 벌기 시작하니 신이 났다. 주3일 근무가 원칙이었으나 OT가 생기면 언제나 근무하겠다고 했다. 병원이 크지 않았고, 열심히 하는 간호사들이 많지 않아서 근무한 지 6개월 만에 Charge nurse를 하게 되었다. 지금도 같은 생각으로 일을 하고 있지만, 어떠한 자리에 있던지 난 최선을 다하라고 말한다. 일을 하지 않는다면 모를까, 어차피 출근했다면 조금 더 열심히 일을 하라고 말한다. 처음에는 아무도 알아주지 않지만, 일주일이 지나고 한 달이 지나면 동료들이 알고 매니저들이 알게 되어있다. 그렇게 일을 하면서 일 년이 조금 넘었을 때 매니저가 물어 왔다. House supervisor를 해볼 생각이 없냐고. House supervisor는 병원 전체의 한 시프트를 관리를 하는 자리이다. 난 하겠다고 했고, 트레이닝에 들어갔다. 그러던 어느 날 메일 한통이 도착했다. VA 병원이었다. 이번에 신입간호사 프로그램이 있는데 생각이 있냐는 메일이었다. 난 너무 좋았지만 바로 좋아할 수가 없었다. 신입 간호사 프로그램은 간호사가 된 지 1년 이내의 간호사만 할 수 있었는데 난 이미 일을 시작한 지 1년이 넘었기 때문이었다. 난 인사과에 답장 메일을 보냈다. 정말 너무너무 하고 싶은데 난 간호사 된 지 1년이 넘었다고. 다시 답신 메일이 왔다. 1년이 넘었지만 당신은 군인 출신이기에 인터뷰를 볼 수 있는 기회까지는 드리겠다고 했다.

'아…, 군대 다녀오길 잘했다.'

신입간호사 프로그램은 미국의 대형 병원들에 주로 있는 프로그램으로 이 프로그램에 들어가면 주로 그 병원에 취직되었다고 생각하면 된다. 졸업한 지 1년 이내의 간호사 선생님들만 신청할 수 있고, 이 프로그램의 이유는 아무것도 모르는 신입 간호사 선생님들에게 병원에서 자신들의 시스템으로 가르치고 자신의 병원에 일을 하게 하는 데 있다. 이 프로그램에 들어가게 되면 모든 간호사 선생님들은 전 병동에서 조금씩 근무하게 된다. 이때는 자신의 환자를 받는 것이 아니라 다른 경력 있는 간호사 선생님과 함께 환자를 보고, 일을 배우게 된다. 전 병동을 돌고 나면 자신이 관심 있는 병동을 몇 군데 신청해서 그곳에서 더 근무하게 된다. 이러면서 나에게 맞는, 또는 내가 좋아하는 병동을 찾게 되는데 나는 이 부분이 신입간호사 프로그램의 가장 좋은 점이라 생각한다. 많은 선생님들이 자신이 좋아할 것 같다고 생각하고 병원에 들어갔지만, 자신에게 맞지 않는다며 후회하는 모습을 많이 봤기 때문이다.

난 VA병원에 신입간호사 프로그램에 신청을 할 수 있었고, 인터뷰를 보게 되었다. 미국은 인터뷰가 정말 중요한 나라이다. 서류보다 인터뷰가 입사에 있어서 당연히 중요하다고 말할 수 있다. 인터뷰를 보기 전 난 나의 인상을 깊게 심어주고 싶었다. 그래서 많은 이야기에서 스토리를 만들려고 생각했다. 다른 사람들이 하는 똑같은 답을 하고 싶지는 않았다. 인터뷰를 보는 날이 되었고 심사실로 들어가니 6명의 심사관이 앉아 있었다. 첫 질문이 들어왔다.

"왜 VA병원에서 일하고 싶으세요?"

너무나도 뻔한 질문이었지만 그렇기에 난 이미 대답을 준비해 갔었다.

"전 군인 출신입니다. 아프카니스탄에 있을 때, 힘들어하는 동료들을 많이 보았습니다. 내 동료들이 다치고 피 흘리고, 정신적으로 상처받아 괴로워할 때 저는 해줄 수 있는 일이 없었습니다. 오히려 저 또한 정신과 마음이 다쳐서 힘들어했습니다. 정신을 차렸을 때, 간호사가 되기로 생각을 했고 그때 마음먹었습니다. VA병원에서 일하면서 군인 동료들과 함께하고 싶다고요. 또한 저도 마음을 많이 다쳐보았기에 다른 사람들보다 군인들을 잘 이해할 수 있다고 생각합니다. 이번에 VA병원에서 일을 못하게 될 수도 있습니다. 그래도 전 계속 지원할 것입니다. 여기서 일하는 것이 제 목표니까요."

답변을 하면서 심사관들의 얼굴을 봤다. 그때 느꼈다. '아…, 나 되겠다.'

그 이후 정말 간단한 2~3개의 질문만 하시고 나의 인터뷰는 끝이 났다. 2주 후에 메일이 왔다. 합격이었다.

솔직히 병원을 옮기고 가장 먼저 좋았던 부분은 연봉이 30% 올랐다는 것이었다. 나도 사람인지라 연봉이 올라가는 것이 가장 먼저 느껴졌다. 그렇게 신입간호사 프로그램이 시작되었다. Med surge를 시작으로 호스피스, ICU, ER, OR, Psych 병동 등 병원에 있는 모든 병동을 돌았다. 다 돌고나서 내가 매력을 느낀 병동은 이전부터 좋아했던 정신과와 ER이었다. 그래서 그 두 병동을 각각 2달간 더 실습했다. 두 곳 실습이 다 끝났지만 난 두 군데 모두에서 매력을 느꼈다. 하지만 당시 ER은 밤 근무만 자리가 남아 있었고, 정신과는 아침 근무도 가능하다고 했다. 난 사실 밤 근무도 힘들어하지 않지만 한 살 한 살 먹어가면서 이제는 다른 사람들 움직일 때 움직이고, 잘 때 자는 삶을 살아야겠다고 마음을 먹었다. 난 정신과 매니저에게 찾아갔고 정신과에서 일하고 싶다고 말했다. 매니저는 부매니저와 이야기 해보겠다고 말했고, 신입간호사 프로그램이 끝나기 1달 전, 같이 일해 보자는 연락을 받았다.

그렇게 난 LA VA병원 정신과에서 근무를 시작하게 되었다. 이전 병원보다 훨씬 체계가 잡혀있었다. 또 24시간 정신과 메디컬 의사들이 상주하고 있었기에 조금만 문제가 생겨도 의사 선생님들과 협진이 쉬웠다. 이전 병원에서부터 느꼈지만, 세상에는 마음을 다친 사람이 정말 많다. 물로 미국이라는 특성상 마약성 약물 때문에 들어온 환자들도 많이 있지만, 그 이외에도 너무 많은 사람들이 정신적 문제로 힘들어한다는 것을 내눈으로 볼 수 있었다. 더 안타까운 것은 그중의 반이 넘는 환자들이 가족에게서까지 버림을 받았다는 것이었다. 내가 정신과를 선택한 이유 중 하나는 내 환자들이 죽는 것이 너무 싫어서도 있었는데, 나의 환자들이 숨은 쉬지만 정신이 무너져가는 모습을 보는 것이 힘들었다. 그래도 50% 정도 되는 환자들을 처음 입원할 때보다 안정된 모습으로 퇴원하기도 하고, (비록 다시 돌아오는 경우가 많지만) 그렇지 않더라도 처음 입원할 때보다는 나은 모습으로 퇴원하는 환자들을 보면서 조금이나마 내가 무언가는 하고 있구나 하고 느낀다.

가끔 한국에 있는 동생에게 전화하면 동생은 내가 너무 편하게 돈 번다고 말한다. 물론 주 3일 근무라는 충분히 쉬는 삶을 살아가고 있기에 그렇게 보일 수도 있다. 물론 나도 만족을 한다. 하지만 하루 12시간 근무가 쉽지는 않다. 특히 차가 많은 엘에이에서 출퇴근만 2시간 가까이 되고 근무 12시간에 식사시간 30분은 무임금이다. 보통 아침 7시 30분 출근인데 나의 하루의 시작은 5시 30분 기상이고 집에 도착하면 저녁 8시 30분 정도 된다. 그럼에도 불구하고 난 12시간 근무를 추구하고 있고 나의 삶에는 이게 최선이라 생각한다. 어떤 선생님들은 8시간 근무를 좋아하시기도 한다. 이 책을 읽고 있으실 선생님들도 각자 자기의 삶에 맞는 답을 찾으시길 빈다.

많은 사람들이 물어본다. 미국에서 간호사로 사는 건 어떠냐고. 나에게 물어보면 난 자신 있게 대답한다.

"미국에서 간호사로 살아가는 거 엄~~~~~~~청 좋아."

인생에 정답은 없어, 행복하면 되는 거지

요즘 내가 제일 많이 생각하는 게 '어떻게 사는 게 잘 사는 것일까?' 하는 것이다. 난 노벨상을 받고 싶지도 않고, 세상에서 유명해지고 싶지도 않다. 다른 사람의 멘토가 될 만큼 잘 살아오지도 않았고, 그렇다고 지금도 그렇게 열심히 살고 있지 않다. 지금 하루하루 꾸준히 살아가면서 나 즐겁고 다른 사람에게 피해 주지 않고 그냥 그렇게 살아가고 있다. 너무나도 감사하게도 외로움을 타는 성격이 아니라 친구 찾아 사람 찾아 살아가지도 않고 있다. 원래부터 내가 이런 사람은 아니었다. 나도 누구보다 꿈도 많았고, 하고 싶은 것도 되고 싶은 것도 많았다.

난 참 혼자 잘난 맛에 살아오던 사람이었다. 너무나 화목한 가정에서 자랐고, 사랑을 많이 받고 자랐지만 난 당시 그 사랑들이 당연한 것인 줄 알았다. 다른 사람들도 다 우리 가족처럼 화목한 줄 알았고 사랑받고 자라는 줄 알았다. 그래서 부모님에 대한 감사를 몰랐다. 오히려 못 받는 것에 대한 불만만 있었다. 중학교 때 유학 보내달라고 했는데 안 보내 주신 거에 화를 냈고, 나 잘되라고 하시는 말씀을 다 잔소리로 들었다. 그렇다고 크게 반항을 하고 살진 않았지만, 그냥 감사한 걸 모르고 자랐다. 미국에 유학을 보내주신 거도 당연하게 느꼈다. 특히 미군에 들어가면서는 이젠 내 살 돈 내가 번다고 생각하면서 그냥 이기적인 아들이었다. 그래서일까. 아프카니스탄에 다녀와서 난 바닥으로 떨어졌다. 어디가 바닥인지 모를 만큼 무너졌다. 그러던 어느 날 갑자기 부모님이 보고 싶고 동생이 보고 싶었다. 한국에 가려고 인터넷에 들어갔고, 한국행 티켓을 사려고 했다. 그런데 내 통장에 돈이 없었다. 내 통장에 한국행 티켓을 살 돈이 없었다. 아무런 생각을 하지 않고 살 때라 내 통장에 돈이 없어지고 있는지도 몰랐다. 어머니께 화상 전화를 걸었다. 아무 생각 없었다. 그냥 나 비행기 티켓 살 돈을 보내 달라고 해야겠다는 마음뿐이었다. 어머니께서 전화를 받으셨다. 오랜만에 보는 어머니의 얼굴이 보였다.

"어머니, 한국에 가려고 하는데요. 돈….″하는 순간 미친듯한 괴로움과 미안함이 밀려왔다. 소리 내어 울었다. 그냥 "엉~엉~"거리면서 울었다. 아무 말도 할 수가 없었다. 어머니는 놀라셔서 왜 그러냐는 말씀만 계속하셨다. 한 10분은 운 것 같다. 그리고 울면서 말했다. "죄송해요. 한국 가고 싶은데. 돈이 없어요." 그때 어머니께서 해 주신 말씀은 지금도 잊히지 않는다. "지성아 무슨 걱정을 하냐? 엄마, 아빠가 있잖아. 엄마, 아빠가 니 뒤에 있는데 무슨 걱정이고. 엄마가 니 빽이잖아." 그 소리를 듣고 또 소리내어 울었다. 이틀 후 통장에 2만 불이 들어왔다. 지금도 생각한다. 난 아주 멋지고 든든하고 나만 바라봐 주시는 빽이 있다고.

그렇게 바닥을 치고 나니 세상에 이보다 좋을 수는 없다는 생각이 들기 시작했다. 군대를 다녀왔기에 보조금을 받아서 공부를 했다. 간호사가 되었을 때 코로나가 찾아왔다. 내 주위의 모든 사람들이 힘들어졌다고 말했다. 살기가 너무 힘들어졌다고 말했고, 물가가 너무 올랐다고 말했다. 그런데 난 계속 좋아지고 있다고 생각했다. 집안에서만 살던 내가, 학교를 다니면서 아껴쓰며 살던 내가, 일을 시작하면서 예전보다 너무 좋아지고 있었기 때문이다. 물론 그때도 지금에 비하면 적은 돈이었지만, 난 그 월급이 너무나도 충분했고, 너무나도 감사했다. 그때 다시 느꼈다. 행복한 건 정말 상대적인 거구나. 그때 무엇이 행복인지 아주 조금 더 알게 되었다.

내 주위에는 내가 살아가는 걸 부러워하는 사람이 많다. 내가 하고 싶은대로 살아간다고. 생각해 보면 난 정말 내가 하고 싶은대로 하고 살아간다. 일주일에 3일 일한다. 매니저에게 부탁해서 내 스케줄은 연속 3일 일하고 3~5일을 쉰다. 그러니 할 수 있는 일이 많다. 짧게는 근처 캠핑장에 놀러가고 어떤 때는 4박5일로 남미 여행을 간다. 미국 여행을 다닐 수도 있지만 난 남미 여행을 더 좋아한다. 그들의 살아가는 모습이 더 좋다. 2달에 한 번은 남미 여행을 다니려고 노력하고 일 년에 1~2번은 한국을 포함한 아시아 여행을 다닌다. 물론 포기하는 것도 생길 수밖에 없지만, 난 지금의 삶이 만족스럽기에 내가 포기해야 하는 것을 포기하는 것은 당연하다고 생각한다. 내 삶이 보기에는 어떨지 모르겠지만 난 결단코 다른 이들에게 추천하는 삶이라고는 생각하지 않는다. 세상 살아가는 방법에는 정답이 없다. 자신에게 맞는 삶을 찾는 게 자신의 행복을 찾는 방법이 아닐까 생각해 본다.

　병원에서 일하면서, 또는 사람들을 만나면 많이 듣는 이야기가 있다. 돈이 없단다. 봉급은 통장을 스쳐서 지나간다는 말을 많이 듣는다. 그런데 그런 이야기를 하는 사람들 중에는 나보다 많이 버는 사람도 많다. 난 가끔씩 궁금하다. 저들은 뭘 먹고 살고, 뭐 하는데 그렇게 많은 돈이 들까? 나도 나 먹고 싶은 거 다 먹고 살고, 다니고 싶은데 다 돌아다니는데. (물론 난 쇼핑은 거의 안 한다.) 또 사람들은 다른 사람들이랑 자신의 삶을 비교를 많이 한다. SNS를 보면서 다른 이들을 부러워한다. (참고로 난 SNS도 하지 않는다.) 난 내가 아무리 돈을 많이 벌어도 나보다 많이 버는 사람이 있다고 생각한다. 돈을 많이 벌면 ('많이'의 기준도 모르겠지만) 내 주위도 그 정도 버는 사람들로 바뀌는 것 같다. 그러면 또 비교를 하면서 괴로워한다. 난 꿈을 꾸지 말라는 말을 하고 싶지는 않다. 하지만 비교를 시작하면 끝도 없다고 생각한다. 주위에서 나보고 SNS를 시작하라는 말을 많이 한다. 나처럼 여행 많이 다니는 사람이 SNS를 하면 올릴 게 많다고 하면서. 그래도 난 하지 않는다. 내 전화기에는 내가 다니면서 찍었던 많은 사진이 있지만 그건 내가 추억을 하기 위한 것이다. 난 SNS에 올리는 사진은 다른 사람들에게 자랑하기 위해서 올리는 콘셉트 사진이라 생각한다. 그리고 난 다른 이들의 콘셉트 사진을 보면서 부러워하고 싶지도 않다. 내가 생각하는 거의 모든 사람은 다 행복한 삶과 힘든 삶이 있다고 생각한다. 그렇지만 만약 누군가가 "내 삶은 힘든 일만 있다"라고 생각한다면, 내가 정말 싫어하는 말이지만 조금은 노력을 해야 한다고 생각한다. 내가 바닥에서 올라온 것처럼. 남이랑 비교하지 않고 나만의 길을 찾은 것, 그것도 내가 행복해지는 다른 모습의 방법이라고 생각한다.

　내가 여행을 다니다 보면 세계 일주를 하는 20대 친구들을 가끔씩 보게 된다. 그 모습을 보면서 '참 용기 있다', 또는 '멋있다'라는 생각을 하게 된다. 그런데 내가 꼰대가 되어가고 있다는 생각을 하는 부분은 "저 여행이 끝나면 저 친구들을 무엇을 할까?"이다. 여행을 하는 방법은 참 여러 가지라고 생각한다. 나도 여행을 좋아하기에 죽기 전에 갈 수 있는 한 많은 나라들을 여행하고 싶다. 지금도 그렇게 하고 있고. 난 여행을 가면 먹고 싶은 거 먹고, 숙소는 1인실을 쓰고, 여행 중 한 번 정도는 그 동네 미슐랭에서 밥을 먹는다. 그에 반해 20대 세계여행자 친구들의 대부분은 가장 싼 방에 가장 싼 음식을 먹으며 다닌다. 난 그 여행이 행복한 여행으로 기억될까 하는 생각을 한다. 미래를 꿈꾸면서 하는 여가 생활이 더 행복하지 않을까 하는 생각이 든다. 난 미래를 준비해 놓고 또는 준비하면서 즐기는 삶이 미래에 더 좋은 결과가 있지 않을까 생각한다. 이런 꼰대 같은 이야기를 하는 이유가 요즘 나에게도 고민이 있기 때문이다. 이 책의 저자 중 많은 분이 NP선생님들이다. 나도 NP 공부를 해야 할까 하는 고민을 한다. 솔직히 지금의 나에게 더 이상 공부는 필요 없을 것 같다는 게 내 생각이다. 하지만 미래를 모르기에 공부를 하라고 하시는 분들도 많다. 또 나중에 한국에 들어가서 살고 싶은데 나중에 시간 강사라도 하려면 공부를 더 해야 할까 하는 생각도 든다. 미래를 위해서는 해 놓는 것도 좋을 것 같기는 한데, 지금 이 순간, 내 미래 중 가장 젊은 시절인 이 시간을, 이제는 놀고 싶은데, 공부를 더 해야 하나 하는 고민이 있다. 어떠한 삶이 나에게 더 행복한 삶이 될지 나도 계속 고민을 하면서 살아가고 있다.

드라마를 보고, 책을 보고, 주위 사람들과 이야기를 해보면 과거의 자신의 삶에 후회하기도 하고 그리워하기도 하면서 그때로 돌아가고 싶어 하는 사람들이 많다. 누가 나에게 언제로 돌아가겠냐고 한다면 난 돌아가고 싶지 않다. 내 삶이 후회되는 것이 없어서도, 그리운 부분이 없어서도 아니다. 내 삶에서 후회되는 부분도 너무 많고 그리운 부분도 너무 많지만, 내가 지금의 내 기억을 가지고 가지 않는 한, 난 나를 알기에, 똑같은 삶을 다시 살아올 것 같다. 그러면 그 힘들었던 훈련도, 무서웠던 기억도, "엉엉" 거리며 울던 행동을 다시 할 것 같기에 난 돌아가고 싶지 않다. 무엇보다도, 그러한 내 과거의 한 걸음 한 걸음이 지금의 나를 만들었고, 난 지금 그 언제보다 행복하다. 그냥 하는 말이 아닌, 정말 딱 이대로만 내 마지막까지 한결만 같아라 싶을 정도로 난 요즘 행복하다. 웬만한 힘든 일에는 스트레스 안 받을 만큼 내 마음은 굳은살이 생긴 것 같고, 웬만큼 슬픈 일에는 웃으면 넘길 수 있는 여유도 생겼다. 이 모든 것들이 내 과거의 걸음들이 만들어 준 것이고, 그렇기에 요즘에는 슬프고 힘들어하기보다 감사하고 즐거운 삶을 살아가고 있다.

마지막…

내가 살아온 삶은, 다른 선생님들과는 다르게 추천하지도, 특히 기억하지도 않아야 하는 삶이었다. 다만 이 글을 읽으시는 분들 중에 지금 힘든 일이 있다면 그 힘든 일도 미래의 자신에게 굳은살을 만들어 주는 일일 것이고, 고민되는 일이 있다면 조금 힘드셔도 일어나셔서 미래를 위해 도움이 되는 일을(대부분은 공부일 것 같지만.) 시작하시라고 말씀드리고 싶다. 세상엔 너무 많은 사람들이 있기에 지금의 나보다 힘든 사람들도 괴로운 사람들도 많고 그들도 이겨내고 있음을 아시길 바란다.

"내가 잘할 수 있을까? 내가 행복할 수 있을까?"

고민이 되신다면 단연코 말씀드릴수 있다. 잘 하실 수 있고, 행복해질 수 있다고. 정말 마지막으로 "내가 하고 있는 게 잘하고 있는 걸까?" 물으신다면 제 대답은 다음과 같습니다.

"세상에 정답은 없어요. 아무렴 어때요. 내가 행복하면 되는 거지."

태윤주

MSN, RN, CNOR
Email : loritae@gmail.com

- 1991년 가톨릭대학교 간호학과 학사 졸업
- 2010년 Mount St. Mary's College 간호학 석사 졸업
- 현 Kaiser Permanente Panorama City Medical Center 회복실 매니저
- 현 남가주한인간호협회 이사
- 전 Glendale Memorial Hospital 수술실 매니저
- 전 Good Samaritan Hospital 수술실 매니저
- 전 Cedars-Sinai Medical Center 수술실 근무
- 전 Univerisity of California San Francisco Medical Center 수술실 근무

영어, 영어, 그리고 또 영어

고등학교 때 나는 간호사가 되리라고 생각하지 않았고 간호대학을 다니던 4년 동안도 미국에 가면 딱 2년만 간호사로 일하고 다른 일을 할 거라고 수도 없이 말했다. 그 다른 일이 무엇인지 몰랐지만. 그땐 내가 이렇게 간호사로 30여 년을 일하고 은퇴를 계획하리라고 생각하지 않았다. 고등학교 시절 나는 엔지니어나 고고학자가 되고 싶었고 간호사는 한 번도 내 인생의 계획에 없었다. 엔지니어, 무언가 폼이 나고 멋있어 보였다. 고3 겨울방학에 외할머니가 돌아가셨고 장례를 치르러 미국에서 오신 외삼촌 때문에 내 계획은 생각과 다른 방향으로 틀어졌다. 미국에서 성공한 산부인과 의사이신 외삼촌은 우리 가족에게 미국으로 이민을 가자고 권유하셨다. 엄마를 자신이 일하시던 병원 직원으로 초청하는 이민을 제안하셨고 어려운 가정 형편에 힘들어하시던 엄마와 우리 가족은 이민을 준비하게 되었다. 간호사였던 외숙모 덕에 사돈댁은 모두 일찍 이민 길에 올랐고, 쉽게 이민에 성공하셨고, 의사이신 삼촌도 어렵지만 쉽게 의사로 미국에 정착하셨다. 나이가 20살이 되면 함께 이민을 가지 못하는 내게 외삼촌은 간호학과에 가서 취업 이민을 가자고 하셨고, 그렇게 원하지 않았던 간호대를 가게 된 나는 대학 4년을 늘 불행하게 다녔다. 어려운 가정 형편에 온갖 아르바이트를 하며 대학을 졸업한 후 모교의 여의도 성모병원에서 1년여를 근무한 후 병원을 퇴직하고 여행 비자로 미국에 와서 시험을 준비했다.

여행 비자로 미국에 와서 외삼촌이 사시던 북가주의 소도시인 Lodi에서 외삼촌과 일하던 착한 미국인 아줌마 LVN들이 나를 데리고 근처 도시에 RN Review Class에 데리고 다녔다. 그들은 리뷰 코스에 다녀와서 영어를 거의 못 알아듣는 나를 보며 분명히 시험에 떨어질 테니 RN 시험이 끝나자마자 나보고 LVN 시험을 준비하라고 외삼촌에게 권유했다. 이 시험에 떨어지면 나는 한국으로 돌아가야 했고 이제 더이상 갈 곳이 없었다. 그런데 막상 시험 결과가 나오니 내 영어 실력을 걱정하던 미국인 아줌마LVN들은 전부 시험에 떨어지고 나만 한 번에 붙었다. 외삼촌 병원의 직원들은 "어떻게 이런 일이"라며 말도 안 된다고 했다고 했다. 여행 비자로 들어 온 나는 처음 간호사로 중가주의 작은 도시 머세드의 작은 병원에 수술실 간호사로 취직이 될 때까지 남들처럼 세탁소에서 일하며 취직 준비를 했다. 그렇게 겁 없이 나의 간호사로서 미국 시골병원에서 이민자의 삶이 시작됐다. 어쩌면 영주권을 따고 순탄한 이민 생활을 위해 아무런 준비 없이 미국에 왔고 취직을 했지만, 마냥 순조롭지만은 않았다. 외국인이 거의 없던 머세드 병원에서 의사들이 담합해서 병원장에게 영어 못하는 간호사와 어떻게 환자의 안전을 책임지며 수술을 할 수 있겠냐며 불평을 한 덕에 나는 울며 사직을 해야 했다. 지금 생각해 보니 의사들도 나와 일하는 게 얼마나 답답하고 불안하고 힘들었을지 이해가 가지만. 그리고 그렇게 병원 대신 양로병원에 취직해서 필리피노 간호사, 백인 할머니 간호사, 흑인들에 둘러싸여 새로운 삶이 시작되었다. 한국 최고의 병원에서 폼 나게 일했는데 쪼그마한 너싱홈에 출근해야 하니 영 이게 뭐지 했다. 그래도 미국 생활은 신기하고 재미있었다.

모든 것의 시작은 영어로 시작했고 영어로 변했다. 한국 사람들이 살지 않는 작은 시골에 사시는 외삼촌 말씀처럼 간호사로서 내 이민의 시작은 영어 문제로 시작해서 영어로 바뀌었다. 영어를 배우기 위해 한국말 쓰기를 거부했다. 솔직히 한국말을 함께 할 사람도 없었고. 미국 사람들이 가장 좋아해서 하는 액티비티는 누가 뭐래도 수다이다. 특히 미국 아줌마들은 출근하면 시시콜콜 어제 무엇을 했는지, 무얼 먹었는지 말하면서 행복해했고 나도 그걸 매일 집에서 혼자 연습했다. 집에 오면 내일 수다 떨기 위해서 같은 이야기를 수십 번 반복하고 한번 반복할 때마다 한 단어, 한 문장을 고쳐보려고 노력했다. 그래도 영어가 내 입에서 쉽게 나오는 데는 몇 년이 걸렸다. 시골에 살았으니 한국 비디오도 구하기 힘들고 한국어 방송은 아예 없어서 오직 미국 TV만 봤다. 사람들은 쉽게 뉴스를 봐라, 프렌즈를 보라고 하지만 나는 퇴근하고 오자마자 매일 텔레비젼에서 낮에 하는 미국 연속극 General Hospital이나 One Life to Live를 열심히 봤다. 낮에 방송하는 일일연속극은 몇십 번을 사골 우려먹듯 보니 같은 배우가 나와 쉬운 대사를 자주 반복하는 게 귀를 열어주고 상황을 이해하기에 아주 쉬웠다. 그렇게 집에서 혼자 두서없이 매일 매일 연습을 하고 또 하고, 직장에 나가서는 내 실수를 웃어도 되지만 교정해 달라고 했다. 웃음의 값이라고. 처음에 어색해하던 동료들도 조금씩 나를 도와주었다.

그렇게 영어가 조금씩 쉬워진다고(?) 느꼈다. 샌프란시스코의 양로병원에서 일할 때 언어치료팀에서 액센트 리덕션 프로그램을 시작하면서 내가 참여할 기회를 주었다. 이런 프로그램은 상당히 비싼데 내게 무료 기회가 주어져다. 내게는 정말 좋은 기회라고 여겨졌다. 그렇게 전문가의 도움으로 내 영어를 진단받았다. 언어치료사 칼라는 내가 너무 빨리 말한다고 했다. 하고 싶은 말을 미리 한국말로 생각해서 영어로 번역해서 집에서 연습까지 수없이 해왔으니 항상 나는 빨리 말을 하고 빨리 끝내고 싶었다. 칼라는 "천천히 천천히"라고 수도 없이 말하며, 그리고 입 모양과 혀의 모양을 교정해주었다. 한번 습관이 된 빨리 말하는 습관은 지금도 나를 힘들게 하고 '천천히'를 수도 없이 되뇌고 산다.

그리고 쉬운 영어소설을 읽기 시작했다. 비싸고 구하기 힘든 한국책에 비하면 사기 쉽고 싼 영어책은 도서관에 얼마든지 있었고 정말 재미있었다. 물론 유명한 작가의 글을 읽고 싶었지만, 영어 실력이 안 되니, 미국 초등학교 졸업한 아줌마들도 쉽게 읽을 수 있는 로맨스 소설로 시작했다. 이런 소설들은 정말 쉬운 단어와 문장을 써서 처음 영어로 책을 읽는 사람들이 쉽게 읽을 수 있어서 강력히 추천한다. 영어는 체면을 내려놓고 덤벼야 배울 수 있다. 너싱홈에서 옮겨간 병원의 수술실에서 만난 동료들은 조금 달랐다. 너싱홈의 간호사들은 주로 필리피노였는데 병원엔 주로 미국에서 태어난 백인 아줌마 간호사가 대부분이었다. 영화가 아닌 진짜 공연하는 극장을 다녔고, 책을 나누어 읽었고, TV에서 본 이야기를 나누었다. 한참 유행인 책을 나누어 읽고 책 사인을 받으러 다니며 내가 점점 미국인이 되어간다고 기뻤다. 어른이 되어 미국에 왔지만 나는 바나나가 되고 싶었다. 겉은 노래도 속은 하얀 바나나가. 심지어 성당도 미국 성당에 다녔으니까.

교포 이민 2세인 남자친구를 따라서 엘에이로 이사 간 동생의 권유로 나도 남가주로 이사를 했다. 그래도 미국에서 손꼽히게 좋은 샌프란시스코 의과대학 병원에서 일한 덕에 엘에이에서 가장 부자들이 다니는 큰 병원, 무려 베벌리 힐스에 있는 Cedars-Sinai 병원의 수술실에 취직이 되었다. 외삼촌이 처음 개업을 하려 하실 때 백인 동네였던 로다이의 병원장이 우리 도시엔 동양인 의사가 더 필요 없다고 해서 몇 년간 엄청 고생을 하셨다고 했다. 그래도 친절하게 맞아주고 성심성의껏 진료를 해주는 외삼촌은 결국 로다이에서 존경받고 사랑받는 의사로 은퇴하셨다.

외삼촌 말씀처럼 나는 정말 황소처럼 일했다. 모두 쉬고 싶어 하는 연휴엔 자주 당직을 대신 해주어서 동료들이 좋아했고, 물론 당직비로 열심히 돈도 벌었지만, 의사들이 무얼 필요로 할지 먼저 준비해주어서 환영받는 파트너가 되었다. 집에 와서 의사들이 하는 수술이 무엇인지 공부하는 일도 게을리하지 않고 수술 자체를 이해하고 알게 되었다. 거의 200명의 간호사가 일하는 우리 병원의 수술실에서 가장 영어를 못하는 내가 살아남는 유일한 방법은 누구보다 열심히 똑똑하게 일해서 최고의 간호사가 되어야 했으니까.

수술실 간호사는 정말 재미있는 일이다. 사람의 뱃속을 열면 그 뱃속은 항상 달랐고 부러진 다리는 어디가 어떻게 부러졌는지에 따라서 수술은 항상 다르게 끝난다. 그런 매일의 스펙타클한 일이 정말 신이 났다. 처음 생각과 달리 수술실 간호사는 내 적성에 딱 맞는 일이었다. 나는 사람들이 흔히 생각하는 주사를 놓고 약을 주는 일을 하지 않지만, 그 수많은 간호사의 일 중 하나인 수술실 일을 정말 날아다닐 듯이 즐겁게 했다. 어떤 의사는 내게 수술이 복잡해질수록 내 눈이 흥분으로 반짝거렸다고 했다. 영어도 물론 점점 재미있어졌고 쉬워졌고 별 준비 없이 수다도 엄청 떨 수 있게 되었다.

시다스 사이나이병원에서 언어치료팀이 외국 출신 직원들을 대상으로 액센트 리덕션 프로그램을 무료로 제공한다는 공문이 떴고, 나는 그 기회를 놓치고 싶지 않았다. 10시간 뼈 빠지게 다리가 통통 붓게 일하고 저녁에 두 시간씩 하는 프로그램은 힘들었지만 진짜 재미있었다. 그때 만났던 나이가 많으셨던 한국인 LVN 언니는 자기 매니저가 보냈다며 자신이 무시당했다고 엄청 기분 나빠 하셨지만, 난 그래도 이런 기회가 주어진 게 행복했다. 이렇게 비싼 프로그램을 무료로 제공 받았으니까.

이번에도 역시 같은 문제를 지적받았다. 너무 빨리 말한다고. 한번 굳어진 이 습관을 고치는 게 내 평생의 과제이지 싶다. 영어는 이민자로서 우리가 짊어지고 살아야 할 평생의 숙제이지 않을까 싶다. 가족들이 함께한 식사에서 외삼촌은 내게 "살면 살수록 영어가 어려워지지?"하고 물으셔서 그렇다고 했더니, 교포 2세인

데니가 원어민에 가깝게 영어를 하는 두 사람이 왜 그러냐고 이해 못하겠다고 했다. 주로 의사들과 일하는 외삼촌과 나는 우리가 함께 살고 있는 공부를 가장 많이 한 똑똑한 사람들과 동등해지려고 하니 영어가 아직도 어렵다고 했다. 가끔 수술 후에 수술 경과를 전화로 녹음하는 걸 들으면서 아직도 "진짜 영어 잘한다"라고 감탄하니 영어는 어떻게 보면 이민자인 우리들의 시작과 끝이기도 하다. 30여 년 전 의사들이 영어 못하는 나를 몰아냈던 것처럼 나도 영어가 안 통하는 외국인 직원을 보면 속이 터져 하니 세상일은 누구도 장담할 수 없다. 그렇게 나는 조금씩 바나나가 되었다.

왜 매니저가 되고 싶었나?
다시 시작된 영어 지옥

　내가 이민을 왔던 30여 년 전엔 우리는 모두 새로운 나라에 적응하고 정착하는 일이 최고의 관심이었다. 아직 어려웠던 한국에서 이민 온 우리는 빨리 집을 사고 좋은 차를 사고 비싼 가방도 들고 골프도 치고 싶었다. 사람들은 모두 간호사는 돈을 잘 버는 좋은 직업이라고 생각했고 나도 빨리 돈을 더 많이 벌고 집도 사고 싶었다. 수술실 간호사는 10시간 근무 이후에는 1.5배로 받을 수 있는 당직 수당 덕에 수입이 엄청나니 당연히 어떻게든 당직의 기회를 찾게 되었고, 간이식 팀에 들어간 나는 오랜 근무시간과 그로 인한 피로도 월급명세서를 보면 그 피로를 잊을 수 있었다. 어떤 날은 아침에 출근해서 밤새워 간이식 수술을 하고 다음날 오후에 출근했다. 생일날 밤도 병원에서 밤을 샌 적도 있었으니까. 8분만 더 일해도 15분치 오버타임이 나오니 그 돈에 대한 유혹은 정말 대단했다. 나 혼자 힘으로 35살에 집을 사고, 그 집값을 내고 큰 차도 사고 조카 선물도 척척 사주고 첫 해외여행을 유럽으로 무려 17일을 다녀오며, 미국 이민 와서 성공된 삶을 살고 세상의 모든 걸 가졌다고 생각했다. 바로 그날까지.

    그날 나는 척추디스크 수술에 scrub(의사 옆에서 멸균 가운을 입고 기계를 전해주며 수술을 보조하는 일)을 하고 있었다. 정신없이 수술상을 차리고 환자 준비가 다 되고 수술을 시작할 준비가 되어갔다. 그날 Circulator(수술의 모든 일을 보조해주는 간호사)였던 Dang은 70대 초반의 태국 출신 간호사였다. 미혼인 그녀는 65세에 한 번 은퇴했다가 집에서 혼자 보내는 시간을 감당 못해서 다시 출근을 한 40여 년 경력의 베테랑 수술실 간호사였다. 뎅은 언제나처럼 의사들이 필요한 도구를 준비해서 수술을 시작하게 해주고 발판 위에 올라간 의사를 위해 발판을 하나 더 가져다가 발로 조작하는 기계의 페달을 올려주고 그 밑에서 겨우겨우 몸을 움직여서 일어났다. 그녀는 몹시 힘들어 보였다. 아마 비틀거렸던 같다. 그 순간 내 머릿속에 번개가 번쩍하고 쳤다. 수술실에서 거의 매일 본 모습인데 왜 그날 그 일이 날 깨웠는지 모른다.

    '아, 지금처럼 아무것도 안 하면 나도 60이 넘어 뎅처럼 저렇게 일을 하겠구나. 20년 뒤에 난 어디에 있고 싶을까?'

    그 질문을 수도 없이 내게 했다. 그렇게 몸이 바스러지게 일하는 일개미가 되고 싶지 않았다. 나는 수술실 간호사를 정말 즐겁게 했지만, 일개미로 늙고 싶지 않았다. 그래서 내 미래를 위해 무언가 하고 싶다고 생각했다. 그 무수한 질문 뒤에 얻은 내 대답은 하나였다. '공부를 해보자, 공부를' 하고 대답했다. 미국에 와서 답답할 때마다 막연히 무언가 다른 공부를 하고 싶었는데 이번엔 달랐다. 내가 오래전에 그렇게 싫어하면서 재미없이 했던 간호학 석사를 해보자고.

그렇게 40이 되며 내게 아주 큰 선물을 주었다. 고등학교 때 공부를 잘했지만 간호대를 갔던 나는 대학을 다니며 늘 불행했고 마치 이등 시민이 된 듯했다. 그런데 대학을 졸업하며 다시 안 하고 싶다고 했던 간호학을 공부하러 대학원에 가서 낮에 일하고 밤이나 주말에 학교에 가는 미친 삶을 살게 되었지만, 세상을 살며 가장 행복했던 인생의 황금기를 살고 있었다. 그리고 나는 더 이상 이등 시민이 아니었다. 나는 이제 일등 엘리트 시민이 되었다. 나이 40에 그렇게 싫어했던 간호학을 공부하며 그토록 재미없던 공부가 재미있었고, 별로 안 좋아했던 나이팅게일이 크림전쟁에서 만든 통계 차트가 그려진 통계학을 들으며 '와, 정말 한 사람의 대단한 리더가 세상을 바꾸었구나'하고 생각했다. 내가 대학원을 간다고 하니 친구 의사들이 무엇을 하려고 하냐며 당연한 듯이 "넌 행정을 해야지"라고 했다. 모두 "넌 행정이 적성이야"라며….

대학원에서 가장 재미있었던 과목은 의료회계와 행정이었다. 간호사로 인근 작은 병원의 병원장이었던 교수 필리스는 다양한 지인들을 강의에 객원 강사로 초청해서 우리가 몰랐던 병원행정과 회계에 대해 가르쳐줬다. 처음으로 회계자료를 들고 분석하고 토론을 하며 문제점을 찾아갔다. 그렇게 간호사가 할 수 있는 직업과 기회는 정말 다양하다는 걸 배우며 졸업 후 무엇을 할 것인지 심각하게 생각했다.

대학원을 마치고 교수님이 Chief Nurse Officer로 일하시던 작은 병원에 매니저로 시작해서 에듀케이터를 거쳐 지금은 Kaiser

Permanente라는 보험회사에서 하는 병원 중 하나의 회복실 매니저로 8년을 근무하고 있다. 매니저가 된 가장 좋은 점은 내가 하고 싶은 일을 하면서 기획하고 내가 도와준 직원들이 성장하는 것을 볼 수 있는 것이고 가장 큰 단점이 샐러리맨이 되어 근무시간에 관계 없이 월급쟁이가 되었다는 것이다. 당연히 오버타임으로 생기던 돈이 없어졌으니 처음엔 연봉이 무려 만오천 달러가 줄어서 처음 1~2년은 긴축하고 살아야 했지만 직장을 옮길 때마다 연봉이 올라서 오버타임 없이도 혼자 여유롭게 살 수 있는 호사를 누릴 수 있다. 물론 장시간 일해야 하는 날도 있지만 몸으로 어렵게 일하지 않으니 몸이 편해진 덕에 나이가 들어서도 일을 계속할 수 있다는 장점도 매력적이긴 하다. 글쎄, 내가 흔히 정년이라고 말하는 65세까지 일할 계획이 없긴 하지만….

내가 관리하는 우리 병원 회복실은 수술 전후의 환자를 돌보는 데 60명의 직원이 있고 그중에 50명은 간호사이고 간호보조원은 10명 정도이다. 내가 하는 가장 중요한 일은 그들이 최고로 평안하게 환자를 돌볼 수 있는 근무환경을 만들어 주고 이끌어 주는 일이다. 나는 항상 내 직원들에게 나는 환자가 아닌 직원들을 돌보는 일을 하는 사람이라고 말한다. 물론 의사들도 나와 잘 지내면 편하게 일하는 환경을 만들어 주니 당연히 나와 잘 지내려고 한다. 지난 8년간 여러 명의 전문대를 졸업한 간호사들이 학사 공부를 마치고, 학사에서 석사를 공부하고 승진이 되어 부서를 이동해 가고 Nurse Practitioner가 되려고 대학원에서 공부를 시작했다. Nurse Practitioner나 Nursing Administration 공부를 하려면 두세 학기 동안 실습을 해야 하는데 주5일 근무를 하는 그들을 위해 근무시간을 조정하게 도와주고 프리셉터를 찾아서 연결시켜 주고 하며 그들이 공부할 수 있는 환경을 만들어 줬다. 그렇게 여러 명이 학사와 석사를 졸업할 수 있었다. 여러 명의 Certified Nurse Assistant(간호보조원)들이 병원에서 일을 하며 대학을 졸업하고 다른 부서에 간호사가 되어 이직을 하며 내게 고맙다고 말할 때 정말 행복했다. 다른 부서에 승진이 되어 옮겨간 네리사는 지금도 자주 전화로 질문을 해오고 그녀가 성장해가는 과정을 옆에서 지켜보며 느끼는 건 선배로서, 이민자인 언니로서의 큰 기쁨이다. 저스틴이 마취가 전문간호사(Certified Registered Nurse Anesthesia)가 되어 우리 병원에서 일하는 것을 보는 것 또한….

우리 부서는 병원에서 가장 대학원 진학률이 높고 Certified Nurse (회복실 전문간호사)가 가장 많고 해마다 다른 주에서 열리는 회복실 간호사학회에도 열심히 참석하며 간호사로서의 전문성과 커가는 과정을 도와주고 지켜볼 수 있어서 감사하다.

매니저가 되고 처음에는 말로 하는 일이 더 많았다. 그러다 발생한 코로나는 많은 것을 바꾸어버렸다. 코로나 덕에 대면으로 하던 많은 미팅들이 이메일과 화상미팅으로 바뀌었다. 화상미팅을 하니 모든 것은 녹음이 되어서 기록으로 남았다. 그냥 간단히 남기던 미팅에 대한 기록들이 녹음이 되어 자세히 기록으로 남고, 모두 이메일이 되어 내가 쓴 글, 한 말들이 기록으로 남기 시작했다. 이메일 에티켓이 복잡해지고, 영어의 문법을 다시 공부해야 했다. 이민자들이 모두 겪어가는 영어를 말로 하는 것과 글을 써야 하는 스트레스는 그 차원이 다르다. 적당히 문법이 틀려도 넘어가던 것들이 이제 문법과 예의에 맞는 이메일을 써서 보내야 했다. 내가 보낸 이메일은 자주 평가의 대상이 되었다. 말과 달리 글은 상대방이 나를 평가하는 기준이 되고 있었다. 미국에서 거의 30년을 살고 영어를 쉽고 편하게 말로 해도, 영어로 잘 써야 하는 건 부담이 되었다. 그렇게 나는 다시 영어의 지옥에 빠져 허우적거렸다. 물론 미국에서 자라고 교육을 받은 사람들도 같은 스트레스를 받는다고 한다. 평간호사가 아닌 우리가 선택한 일에 대한 책임이라고 할까. 결국, 할 수 없이 Grammarly라는 영어 교정 프로그램을 돈을 내고 컴퓨터에 깔고 이메일을 보내기 전에 여러 번 읽고 다시 읽고 또 읽고 교정해서 보내는 일을 해야만 한다. 그래야 살아남을 수 있으니까. 이 영어의 지옥을 언제 벗어날까?

워라밸과 조기 은퇴를 준비하며

미국 간호사는 병원마다 다르지만 다른 직종에 비해 1년당 휴가일 수가 상당히 많다. 지금 병원에서는 한 달에 21시간/연 30일/6주의 휴가를 받고 매달 7시간의 병가를 적립할 수 있다. 만일 올해에 휴가를 못 쓰면 그 다음해로 적립할 수 있다. 내가 적립할 수 있는 휴가의 최대치는 500시간이고 500시간이 되기 전에 미처 쓰지 못한 휴가는 돈으로 받을 수 있지만, 세금 폭탄을 거의 50% 맞으니 그전에 열심히 쓰려고 한다. 1년에 주어지는 교육을 위한 휴가도 무려 40시간이다. 이렇게 1년에 내가 적립하는 휴가가 총 7주/35일 (주5일 근무 기준)이니 긴 휴가도 가능하다. 몇 년 전에는 포르투갈, 스페인을 한 달간 다녀오고 올해도 3주간 긴 휴가로 티베트와 네팔을 다녀왔다. 집에 오자마자 내년에 가고 싶은 3주의 휴가를 계획하며 언제든지 떠날 준비하는 재미에 1년을 또 살아간다. 회복실 간호사 콘퍼런스도 일주일 동안 교육휴가를 이용해 다녀오고, 학교에 가거나 콘퍼런스에 다녀오라고 1년에 3천 달러까지 병원에서 지원을 받을 수도 있다. 매니저인 나는 월요일에서 금요일까지 일하지만 12시간 근무하는 평간호사들은 일하는 날짜를 조절하면 언제든지 휴가를 쓰지 않고도 짧은 휴가를 보낼 수도 있고, 두 병원에 함께 근무할 수도 있다. 실제로 많은 간호사들이 두 병원에 근무하고 있다. 간호사들은 원한다면 언제든지 소위 말하는 워라밸을 누리면서 일할 수 있는 근무환경을 만들 수 있다. 미국에서는 정해진 근무시간에 3교대가 아닌 원하는 시간에 낮 근무, 밤 근무를 정해서 할 수 있다. 근무시간이 정해져 있어서 여자 간호사들이 아이들을 키우며 일할 수 있으니 이런 큰 장점이 또 있을까.

30대 초반이 되고 내가 과연 결혼할 수 있을까 하는 조바심도 생겨갔다. 어느 날 친구와 우연히 결혼과 나이 먹어가는 이야기를 걱정만 농담 반으로 하다가 서로에게 물었다. 우리가 누군가를 만나 가정을 이루고 나이를 먹을 확률에 대해서. 그날 우리는 신기하게 둘 다 혼자 싱글로 은퇴를 할 확률에 51%를 걸었다. 왜 그랬는지 기억이 안 나지만. 그리고 은퇴연금을 모으기 시작하자고 결론을 내렸다. 불확실한 결혼이라는 미래보다 어쩌면 혼자 해야 할 미래를 준비하자고. 그렇게 우리는 은퇴연금을 모으기 시작했다. 물론 처음에 작은 액수로 시작을 했지만 20여 년이 지나니 이제 진짜로 은퇴를 준비하며 더 많은 비율로 은퇴연금을 모으고 있다. 일한 시간만큼 은행에 2주에 한 번 월급이 들어오는 간호사는 은퇴 준비를 하기에 좋은 환경이다. 월급에서 세금과 은퇴연금을 먼저 내고 나면 줄어든 돈 덕에 세금을 적게 내게 되니 큰 차이도 없으니 그냥 늘 내 월급이 생각처럼 많지 않구나 하며 지나갔다. 그렇게 10%의 월급을 30대에 시작해서 지금은 거의 16%의 월급을 은퇴연금에 저금한 덕에 조기 은퇴를 생각할 만큼 준비가 되었다.

프란시스는 필리핀 출신 간호사인데 우리 병원에서 무려 48년을 일하고 72세에 은퇴를 했다. 은퇴하기 전까지 프란시스는 우리 병원에서 가장 돈을 많이 버는 간호사였다. 회복실에서 매일 당직을 서고 누가 대신 당직을 대신 서 줄 사람을 찾으면 그녀는 항상 "내가 해줄게"라고 했다. 하루 8시간 근무를 마치고 시작하는 당직 수당은 8시간부터 12시간까지는 1.5배, 12시간이 넘어가면 2배가 되니 그녀는 연수입으로 25만 달러가 넘는 돈을 쉽게 벌었다. 그렇게 일하고 72세에 은퇴한 뒤 프란시스는 이제 눈도 잘 안 보이고 복막투석을 하며 거의 집에서 못 나오는 몸이 되었다. 그렇게 뼈 빠지게 열심히 일해서 마련한 대궐같이 큰집에서 하루 종일 아무것도 못 하며 그녀는 무슨 생각을 할까? 프란시스는 우리 모두에게 은퇴에 대해 생각을 다르게 하게 해 주었다. 그래, 빈손으로 미국에 이민 와서 오랜 세월 열심히 일했으니 건강할 때 잘 은퇴하자고. 미쉘은 64.5세에, 마리사는 63세에, 잭은 60세에 은퇴를 했다. 허리가 아프고 유방암을 이겨내고 여러 번 교통사고로 건강의 문제들을 가지고 있는 그들은 열심히 오랫동안 일했으니 아직 건강할 때 은퇴하자고 생각했다고 한다. 다행히 우리 병원은 은퇴 시 병원에서 주는 퇴직금이 있고 65세가 넘으면 열심히 세금 낸 덕에 나오는 소셜 시큐리티에 그동안 내가 저축한 403B/401K가 있으니 나도 은퇴 준비가 거의 마무리가 되어 5년 뒤에 조기 은퇴할 계획이다.

많은 사람들은 일을 그만 두고 나면 치매 오고 죽음이라고 하지만 그건 간호사에게 있는 또 다른 혜택을 잘 모르는 사람들이 하는 말이다. 오필리아는 활기차게 일하다 66세가 되면서 은퇴를 했다. 우리는 성대하게 은퇴파티를 해주고 기뻐해주었지만, 그녀가 다시 시간제로 6개월 뒤에 일하러 나올 거라는 걸 모두 알고 있었다. 그렇게 6개월 동안 쉬면서 여행도 다니고 손자들과 시간도 보내고 그녀는 다시 출근을 시작했다. 일주일에 하루씩 시간제로 베네핏 없이. 시간제이니 그녀의 시급은 전보다 15%가 올라갔고 원하는 날에만, 어떤 때는 거의 내가 '제발'이라고 부탁을 하면 그녀는 보스가 저렇게 부탁하니 하며 출근을 해 주었다. 그렇게 2년을 더 일주일에 하루씩 일하고 그녀는 미련 없이 진짜 은퇴를 했다. 가끔 우리가 하는 파티에 음식을 잔뜩 싸서 오는 오필리아는 행복해 보였다. 간호사들은 은퇴 후에 몇 달 쉬다 시간제로 일할 수 있는 기회가 많이 있다. 나도 원하는 만큼 쉬다가, Ambulatory Surgery Center에서 가끔 일하거나 간호대학에 일주일에 한 번 정도 실습 지도를 위해 일해 볼 생각이다. 은퇴하면 할 수 있는 일이 없는 다른 직업에 비해 간호사들에게 주어진 기회는 찾으려고 하면 아직 많이 열려 있으니, 내가 원해서 시작하지 않았지만, 간호사는 내게 세상을 향한 문을 열어준 귀한 전문직이라고 할 수 있다. 이민자로 미국에 와서 대학에서 공부한 것을 가지고 전문직 대접을 받으며 정착할 수 있었으니 얼마나 감사한지 모른다. 내게 40년 전 간호대학을 가라고 권해주신 외삼촌, 외숙모에게 이 기회를 통해 감사하다고 말씀드리고 싶다. 아마 외숙모가 그렇게 강하게 권하시지 않았다면 나는 대학을 나와 이민을 오지 못했을지도 모르고, 이민을 와서도 어떤 일을 하고 있을지 모르겠다. 20살의 나는 간호대학을 원해서 선택하지 않았지만, 나이를 먹고 돌아보니 미국에 이민 와서 쉽다면 쉽게 주류사회에 정착하고 공부도 하고 경제적인 어려움 없이 살 수 있어서 감사한 삶을 살았다고 말할 수 있다. 지금 어딘가에서 나처럼 원하지 않던 공부를 해야만 했던 후배들에게 내가 살아온 이야기를 하고 싶은 건 프로스트의 시처럼 두 갈래 길에서 내가 했던 선택을 돌아보며 가지 않은 길에 미련을 두기보다, 이미 선택하고 걸어온 길에서 열심히 잘살아 보자고 말하고 싶다.